손의 모험

손의
모험

스스로 만들고, 고치고, 공유하는
삶의 태도에 관하여

릴리쿰 지음

코난북스

서문

　며칠 전, 정신없이 바쁜 날들을 보내다 한숨 고를 여유가
생겨 서점에 다녀왔습니다. 생각이 복잡하거나 정리가 필요할
때 가끔 서점에 갑니다. 눈길이 어디에 머무르는지 발견하면서
영감을 채우곤 하는 것입니다. 서점에 갈 때마다 시선을 자주
붙잡는 곳이 있습니다. '취미' 분야 매대에 엄청나게 쌓여 있는
컬러링 북, 색칠하는 책입니다. 한 권의 책을 시작으로 최근
이런 책들이 엄청나게 쏟아져 나왔습니다. 더불어 한쪽에는
뜨개, 자수, 요리, 인테리어 책들이 즐비합니다. 창작 활동을
안내하는 취미 서적들은 여행 서적만큼 꾸준히 팔리는
콘텐츠인가 봅니다.

　'몸을 움직이고 싶다.' '손을 쓰고 싶다.' '내 것을 내 손으로
만들고 싶다.'

하루에도 몇 시간씩 책상 앞에 묶인 채 일에 치이고
야근까지 하느라 몸이 삐그덕거린다 느낄 때면, 누구나
한번쯤은 이런 생각들을 하게 됩니다. 무언가를 그리거나
만드는 활동으로 이런 갈증을 해소하려는 것은 왜일까요. 그저
잘 기획된 상품들이 우리 눈과 손과 지갑을 홀리기 때문일까요.
꼭 그래서라기보다는 손을 움직여 무언가를 만드는 행위가
인간에게 자연스러운 일이기 때문이 아닐까요.

어쩌면, 요즘같이 '생존'이 사회문제이자 모두의 고민인
시기에 '만들기'는 그저 한가한 소리로 들리거나 호사스러운
취미로 느껴지는 주제일지도 모릅니다. 하지만 지난 몇 년간
'만들기의 세계'를 탐색하면서 우리는 만들기가 삶의 중심을
발견하는 일이며 결과적으로 우리 모두의 생존에 관한 일임을
알게 되었습니다. 만들 줄 안다는 것은 자기 삶의 일부나마
장악할 줄 안다는 것이기 때문입니다.

단 한 번의 생이 주어진 인간으로서, 어떻게 살아야 할지
고민하지 않는 사람은 없을 것입니다. 각자의 인생에서 옳다고
여기는 가치가 있기 마련입니다. 그러나 우리의 현실은 고민한
만큼 자유롭게 삶을 선택할 수 있도록 배려하지 않습니다. 사회
구조는 너무나 견고하고, 시스템에 종속되어 있는 듯한 개인의
존재는 작게만 느껴집니다. 하지만 스스로 만듦으로써 '자급'
능력을 회복하기 시작한다면 이야기는 달라질 수 있습니다.
물건의 생산과 소비를 큰 축으로 작동하는 현대 사회에서 직접

만드는 행위는 오래전 생활 방식에 깃들어 있던 '자립'이라는
가치도 다시 생각하게 합니다.

　Do It Yourself. 너무나 익숙한 말이지만 인터넷에서 조립
가구를 주문할 때나 접하게 되는 말인지도 모릅니다. 그런데 이
단순해 보이는 철학, 즉 스스로 해결하라는 태도는 곱씹을수록
우리 삶의 많은 부분을 건드립니다.

　매일 먹는 밥과 매일 입는 옷을 자급자족하는 것을
상상이나 할 수 있을까요. 밥을 지으려면 쌀이 있어야
하는데, 쌀을 마트에서 사지 않는다면 어떻게 얻을 수 있을지
막막합니다. 옷을 사지 않고 손수 지으려면, 재봉이나 바느질을
할 수 있다고 해도 천은 어디서 구할 수 있을까요. 그저 밥을
먹고 옷을 입기 위해 직접 농사를 짓고 베틀로 직조까지 해야
한다고 생각하면, 눈앞이 캄캄해집니다. 다행히 생활에 필요한
모든 물건들은 소비로 간단하게 해결할 수 있습니다.

　그럼에도 여전히 자급자족하는 삶을 꿈꾸는 사람들을
곳곳에서 만나게 되는 이유는 무엇일까요. 사실 대부분
사람들은 직접 만드는 행위 자체를 멀리하고 싶은 것이 아니라,
필요로 하는 것을 직접 만들며 살기에는 얼마나 어려운 환경
안에 살고 있는지 잘 알고 있는 것이라고 생각합니다. 그런데
만약 직접 만들어내는 과정들을 즐길 수 있다면 그것이 얼마나
뿌듯한 일인지, 그러한 경험이 자기 자신을 얼마나 다른
사람으로 바꾸어놓는지 스스로 느끼게 될 것입니다. 직접

농사를 짓고 옷을 짓고 집을 짓는 것 같은 일이 아닐지라도, 작은 물건을 직접 만들 줄 알게 되고 간단한 공구를 직접 다룰 줄 알게 되고 수시로 일어나는 고장이나 불편을 스스로 해결할 줄 알게 되면 그 기쁨과 변화를 느낄 수 있습니다.

서점에 갔던 그날, 식물에 관한 책을 한 권 골랐습니다. 식물을 돌보는 것은 30년이 넘도록 '나는 결코 잘할 수 없다'고 생각했던 일입니다. 그런데 최근 들어서 용감하게도 생각을 바꿨습니다. 계기는 대단치 않습니다. 화분 하나를 선물 받았는데 여느 때와는 다르게 이 식물만큼은 죽이지 말고 잘 살려보리라 다짐했기 때문입니다. 지금까지 화초를 기른다는 것은 어떤 종인지 알고 물 주는 법을 듣고 적당히 신경 쓰는 정도에 그치는 일이었습니다. 그렇게 해서는 기르기 쉽다는 작은 선인장 하나도 건강하게 돌보기가 어려웠습니다. 이제는 들은 매뉴얼에 의지하는 대신 잎이 바래거나 떨어지는 건 어떤 증상인지, 지금 이 식물에게 필요한 건 뭔지, 무슨 말을 하고 있는지 제대로 알아보고 싶어진 것이 제게 일어난 커다란 변화입니다.

'만들기'를 시작하면서 달라진 것은 직접 할 줄 아는 일이 늘어난 것만이 아닙니다. 당연하게 생각했던 것들, 굳이 알려고 하지 않았던 것들을 다르게 바라보게 되었습니다. 사회의 고정관념에 수동적으로 나를 끼워 맞추기보다 스스로 재구성하는 자세를 자연스럽게 갈망하게 됩니다. 이 변화는 영화 〈매트릭스〉에서 깨어나는 빨간 약을 먹는 것과 비슷한 면이 있습니다. 노동과 소비라는 굴레에 갇혀 안락함을 느꼈던 대신, 안락함의 이면을 보게 되기 때문입니다. 물론 이런 변화 때문에 고민도 걱정도 많아집니다. 적어도 유행이 지난 물건을 버리고 새것을 사고 싶은 마음을 꾹꾹 눌러 담으려고 애쓰게 되거나, 작은 소비 습관 하나 고치지 못하는 자신을 마음속으로 채찍질하게 됩니다.

이 책을 쓰는 동안 지나온 많은 밤 우리를 괴롭혔던 고민 역시, 해갈되지 않은 채 여전히 우리를 부끄럽게 만듭니다. 하지만 느리고 느슨하더라도 내 손으로 할 수 있는 데까지 해보겠다는 선택을 아직 포기하지 않은 이유는 만듦으로부터 얻는 기쁨, 그 안에 우리 삶의 본질이 있다고 믿기 때문입니다. 이 책은 그 기쁨에 관한 이야기입니다.

책의 여정은 손의 감각 그리고 만든다는 것의 의미를 짚어보는 데서부터 시작합니다. 삶에서 자급의 일상이 사라져간 배경과 그렇게 우리가 잃어버린 것들을 이야기합니다. 또 '만들기'라는 행위에 대해 최근 들어 새롭게 형성되고 있는 인식의 흐름을 살펴봅니다. 후반부에는 그간 릴리쿰이 시도해온 다양한 실험으로 배양된 생각들을 담았습니다. 한 가지 염려되는 점은 이 책에서 혹시 대단한 노력 끝에 얻은 성공적인 결과나 성찰을 기대하는 독자들이 있지는 않을까 하는 점입니다.

단언컨대, 우리는 매번 실패했습니다. 그중에는 실패해도 좋았던 시도들도 있었고 의도하지 않은 실패도 있었습니다. 실패의 순간들을 감당하면서, 즐거운 시간도 많았고 괴로운 순간도 있었습니다. 그 순간들을 거치며 얻은 생각들을 나누고 싶었습니다. 새로운 만들기 문화에서 경계해야 할 태도에 관한 이야기도 덧붙이고 싶었습니다.

책을 쓰는 과정 역시 우리가 해온 실험들만큼이나 순탄치 않았습니다. 처음 출간 제안을 받았을 때 세웠던 계획보다 글쓰기 호흡이 길어졌고, 책이라는 매체가 주는 무게감이 오히려 생각을 가두는 것 같아 고심도 많이 했습니다. 설익은 이야기를 쏟아내기보다 곰곰 생각하고 쓰고, 여물지 않은 고민들은 멈추었다가 생각의 매듭이 지어졌을 때 쓰기를 반복했습니다. 그렇기에 이 책은 '손으로 스스로 무언가를 만든다는 것'의 의미를 찾아온 탐험의 결과물이자, 실패하더라도 그 생각을 우리 손으로 실험해보고자 했던 지난 3년간의 모험의 기록지이기도 합니다.

원고를 삼키기만 했던 지난한 과정을 묵묵히 견뎌준 코난북스 이정규 편집장께 깊이 감사하는 마음을 여기 새깁니다. 그리고 지난 시간 땡땡이공작과 릴리쿰에서 만났고 응원해준 분들, 릴리쿰 공간을 선뜻 찾아주었던 많은 분께도 감사 인사를 전합니다. 그리고 '전자공학도들'과 '전자요리연구회' 멤버들, 늘 따뜻하게 환대해주는

청개구리제작소, 릴리쿰의 바리스타 태호 님 그리고 가까이서
릴리쿰의 든든한 친구가 되어주는 모든 분들, 진심으로
고맙습니다.

차례

1 손을 쓴다는 것

손의 감각

'Aaaaa부터 ZZZap!까지.' 2015년 뉴욕에서 열린 전시의
이름이다. 마이클 맨디버그라는 예술가가 온라인 무료 백과사전
위키피디아의 방대한 영문 데이터를 종이책으로 만들 수 있는
소프트웨어를 개발해 '프린트 위키피디아^{Print Wikipedia}'라는
흥미로운 프로젝트를 만들었고, 전시는 이 프로젝트의 일부라고
한다. 이 작업의 결과물로 사실상 종이책 백과사전의 종말을
선도했던 위키피디아가 종이책 7473권으로 만들어져 한 권에
80달러를 내면 누구든 이 책을 살 수 있게 되었다.

위키피디아는 태생부터 크라우드소싱^{crowdsourcing}, 즉 전문가
대신 대중이 문제의 해결책을 제시하는 방식으로 만들어진
규모가 엄청난 디지털 저작물이다. 위키피디아 편집에 참여한
사람들의 이름을 넣은 부록만으로도 7백 페이지짜리 책 서른여섯

권이 만들어졌을 정도다. 게다가 언제든 편집이 가능하기에
계속해서 내용이 더해지거나 변하는 것이 위키피디아의 가장 큰
특징이다. 이런 정보를 종이에 담는다니, 그닥 합리적이지는 않은
일이다. 그렇다면 맨디버그는 왜 위키피디아의 내용을 종이에
활자로 찍어 손으로 만질 수 있는 책이라는 형태로 만드는 일에
의미를 부여했을까.

　　전자책이 갓 등장했을 때 사람들은 종이책의 미래에 분분한
의견을 내놓았다. 그중 '그럼에도 불구하고 종이책은 사라지지
않을 것'이라고 생각한 사람들이 주장한 근거 중 하나는 종이의
고유한 촉감 혹은 책장 넘길 때 나는 소리, 손에 쥐었을 때의
무게감, 즉 종이책의 물성을 사람들이 결코 포기하지 않을 거라는
확신이었다. 아직 전자책과 관련한 기술의 진보가 상상만큼
이루어지지 않아서일지도 모르겠지만 여전히 많은 이가 종이책을
만들고, 읽고, 사랑한다.

　　'종이책 위키피디아' 소식을 접하면서 이런 질문이
떠올랐다. 인간에게 손으로 사물을 만진다는 것은 어떤 의미일까.
나는 스스로 손재주가 있는 편이라고 생각한다. 또 손으로
사물을 만들어 표현하는 일을 친근하게 느끼며 살아왔다.
그렇지만 바깥 세계와 그에 대한 내 감각이 어떻게 손을 거쳐
넘나드는지 진지하게 생각해본 적은 없었다. 당연하게 생각하던
것들에 질문을 던짐으로써 간혹 아주 중요한 실마리를 찾게 된다.

　　지금 '손의 감각이란 무엇인가'를 묻는 이유는 이 질문에

답하면서 릴리쿰이 그동안 제작 활동 실험들을 이어온 이유들을
한 장씩 펼쳐보기 위해서다. 그리고 우리는 왜 우리의 손을,
우리의 손으로 무언가를 만들어내는 일을 사랑하는지 스스로
묻고 또 답을 구하기 위해서기도 하다.

　몇 가지 단서 중에서도 가장 먼저 떠오르는 것은 손의
감각이 접촉이라는 인간의 욕망과 밀접하다는 점이다. 좋아하는
촉감을 지닌 사물이나 신체를 떠올리면 우리는 '만지고 싶다'는
욕망을 자연스럽게 느낀다. 익숙한 사물을 바라보는 것만으로도
그 촉감을 상상할 수 있다. 길을 걷다 떡집 앞 매대에 올려진
가래떡을 보면, 갓 뽑아내 말랑말랑하고 쫀득한 떡의 촉감을
떠올린다. 좋아하는 사람과 살이 맞닿을 때, 고양이 같은
반려동물을 부드럽게 쓰다듬을 때는 어떤가. 만진다는 것은
대상이 생물이건 아니건 나 자신 이외의 세계에 가닿음으로써
안전하다고 느끼거나 기분이 좋아지기 위해서가 아닐까. 우리
몸이 무언가에 '접촉'할 수 없는 상태에 빠진다면, 우리는 곧
고독과 두려움을 느끼게 될 것이다.

　손은 '행위하는 감각 기관'이라고 정의되기도 한다. 의학
박사인 마르틴 바인만 Martin Weinmann 은 신경생리학적 근거를
바탕으로 육체가 단지 뇌의 명령에 따라 움직이는 도구라는
일반적인 인식을 반박한다. 오히려 손의 신경 구조 덕에 복잡한
행위가 가능하고, 손이 뇌와 긴밀하게 협력해 인간이 여러 가지
능력을 발달시키는 데 영향을 끼쳤다고 주장한다. 작은 것이라도

손으로 만드는 행위에 집중해본 적이 있는 사람이라면 고개를
끄덕일 만한 지적이다. 미처 눈치 채지 못한 사이에 내가 느끼고
판단하는 많은 일이 손끝에서 비롯된다. 초밥 장인이 매번 같은
분량의 밥을 정확하게 손으로 쥐는 것 역시 손의 섬세한 감각이
하는 일이다. 손의 감각은 손끝에 머무르지 않는다. 손끝의
신경세포는 뇌와 척수로 감각을 실어 나르며 몸을 관통한다.
반복하여 관통하면서 내 몸에 익은 감각이 된다. 그리고 어느
순간에는 중요한 삶의 기술이 되어준다.

　　요즘 옷 만드는 법을 공부하면서 공업용 재봉틀을 처음으로
다루어보았다. 이 익숙지 않은 기계를 쓰면서 새삼 손과 발의
운동신경을 예민하게 사용하게 되었다. 공업용 재봉틀은 모터
힘이 좋아서 페달을 살짝만 더 밟아도 바늘이 위아래로 움직이는
속도가 아주 빨라진다. 적절한 속도로 박음질을 하려면 아주
미세한 각도를 맞춰 일정한 힘으로 페달을 밟아야 한다. 그런데
'지금 이 속도대로 가자' 생각하면 어느새 발에 힘이 빠지고
속도가 느려진다. 반대로 '속도를 조금만 올려야지' 생각하면
확 빨라져 원치 않는 방향으로 박음질이 되기 일쑤다. 이런
과정을 몇 번 반복하다 보니 그때그때마다 뇌의 판단과 신호에
의지하기보다는 발이 익숙해져가는 감각에 일을 맡기는 편이
더 낫겠다는 생각이 들었다. 차를 운전할 때는 어떤가. 복잡한
길에서 앞 차와 간격, 교통신호 같은 많은 정보를 한꺼번에
처리하면서 커다란 기계 덩어리를 조작하는 일은 어렵게만

느껴진다. 그러나 운전 역시 걷거나 뛸 때처럼 자연스럽게 몸의 감각을 동원하면 능숙해질 수 있다는 얘기를 듣고 나니 왠지 두려움을 물리친 기분이 들었다. 키보드를 눌러 글을 쓰는 일도 마찬가지다. '만들기'라는 단어를 입력할 때 일일이 ㅁ, ㅏ, ㄴ, ㄷ, ㅡ, ㄹ, ㄱ, ㅣ, 자판의 위치를 일일이 생각하고 누르는 사람은 많지 않다. '만들기'라는 단어를 눌러야겠다고 생각하면 손의 감각으로 키보드를 누르게 된다. 몸에 익는 것이다.

독일의 철학자 페터 야니히^{Peter Janich}는 유클리드 기하학 이후, 실제로 세계를 건설하는 손 노동자들의 창조 행위는 무시되고 '입 노동자'들의 개념적인 인식만이 중요시되기 시작했다고 지적한다. 그는 고대 철학자들이 사고 행위에서 손이 담당하는 중요한 의미를 깨닫지 못해 인류 역사 내내 손의 지위가 실제보다 저평가되었다고 진단한다.

> "하지만 손으로 만드는 행위, 즉 포이에시스('제작하다'란 뜻의 그리스어)에 자유로운 행위(이론적 행위)에 못지않은, 아니 오히려 더 나은 합리성과 도덕성이 담겨 있을 수 있다는 사실에 대해서는 아무도 논의하려 하지 않는다. (…) 실제로 인간이 자연과 관계를 맺은 것은 근본적으로 손을 통해서였다(문화는 밭을 경작하는 것, 즉 손의 일이었다). 이런 사실이 완전히 간과되지는 않는다 해도 그에 합당한 평가를 받고 있는 것 같지는 않다."
>
> — 페터 야니히, 《손이 지배하는 세상》, '손 노동자와 입 노동자'

페터 야니히가 손 노동자와 대치시켜 이른바 '이론가들'의
편협한 태도를 비판하는 어조는 매우 신랄하다. 물론 철학과
이론을 토대로 인류가 일군 지적 성취를 누구도 부정할 수 없을
테니 그의 의견은 과격하게 느껴지기도 한다. 그럼에도 불구하고
야니히가 지적하는 '이론에 치우친' 사고의 한계와 손 노동자의
지위에 대한 비판은 타당하게 들린다.

수학 이론으로 도형을 설명할 때 점과 점이 모여 선이 되고,
선과 선이 모여 면이 된다고 한다. 그런데 이는 우리가 이미
아는 사실을 개념으로 정리한 것이다. 우리는 열 개의 손가락이
자신의 것이라고 인식하고 나면 그 손으로 뭐든 만지고, 쥐고,
입에 넣어보면서 세상을 배워간다. 눈앞에 보이는 덩어리라는
실체를 놓고 겉으로 드러난 일정 방향의 표면을 면으로, 면과
면이 만나는 모서리를 선으로, 그 선의 끝과 끝을 점으로 인식한
것은 손을 통해 자연히 이루어진 일이다. 하지만 손과 머리, 두
가지 인식의 통로가 양립하지 않고 이론과 개념만 남으면서
'포이에시스'는 오랫동안 인간의 삶에서 그림자가 되어버렸다.

최근 사고 행위에서 손의 중요성이 재조명되면서
'팅커링tinkering'이라는 개념이 등장했다. 본래는 서투르게
고치거나 어설프게 만지작거린다는 뜻이다. 누구나 어렸을 때
그랬듯 어떻게 해야 하는지 모르는 상태에서 사물을 만져보고,
뜯어보고, 다시 조립하고, 또 원래 있던 것과 달리 만들어보면서
사물을 탐구하고 인식하는 방식이다.

일전에 돋보기 렌즈를 이용해 빔프로젝터를 만드는
워크숍을 연 적이 있다. 워크숍을 마치고 보니 렌즈를 빼내고
난 돋보기 틀이 여러 개 남았길래, 차마 버리지 못하고 언젠가
활용할 방법을 찾고 싶어 보관해두었다. 어느 날 커피 애호가인
지인에게 그걸 보여줬더니, 융으로 된 커피 필터를 손바느질로
돋보기 틀에 고정해 핸드드립 커피를 내리는 융 드리퍼를
만들어주었다. 그전까지는 누구도 돋보기로 커피 드리퍼를 만들
수 있으리라고 생각지 못했을 것이다.

팅커링은 거창한 계획에 따라 일어나는 것도 아니고, 대단한
결과물을 만들겠다는 목적으로 하는 것도 아니다. 시도와 또 다른
시도를 이어보면서 의도치 않게 새로운 무언가를 만들어내기도
하고 종종 실패하기도 하는 일이다.

관찰하고 만지작거리면서 손으로 사고하는 힘은 아이들을
대상으로 제작 워크숍을 진행할 때면 곧잘 느낄 수 있다.
아이들에게 무엇을 어떻게 만들지 미리 설명하지 않고, 재료와
도구부터 건네준다. 그러고는 직접 재료와 도구를 만지면서
무엇을 만들면 좋을지 구상해보라고 한다. '만든다'는 경험이
거의 없기에 어렵게 느낄까 싶지만 아이들은 재료를 가지고
즐겁게 놀면서 '제작'을 시작한다. 팅커링은 직관, 상상, 호기심을
주인공으로 만든다. 그리고 새 주인공들은 종종 우리가 전혀
예상치 못한 길을 열어주기도 한다.

그렇다면 우리는 손의 감각을 얼마나 잘 쓰고 있을까.

디지털 미디어 시대가 열리면서 손은 작은 공간 안에서 어느 때보다 바쁘게 움직인다. 생각과 말, 중요한 정보와 일상의 파편들을 디지털 데이터로 만들고, 만들어진 데이터를 읽기 위해 우리는 끊임없이 손끝으로 미디어에 접속한다. 스마트폰, 컴퓨터에 접속하는 것만으로 우리는 물리적 거리를 뛰어넘어 서로 '연결'된다. 지구 반대편에 있다 해도 상대의 안위를 묻고 답을 얻기까지 1초도 걸리지 않는다. 설령 지구 밖에 있다 해도 그리 오랜 시간이 걸리지 않는다. 게다가 가상세계 속에서 우리는 실제로는 존재하지 않거나 갈 수 없는 곳까지도 여행할 수 있다. 디지털 라이프는 비교적 작은 노력과 저렴한 비용으로 거의 모든 정보와 새로운 경험들을 얻을 수 있는, 그야말로 은혜로운 삶이다. 하지만 네트워크에 접속해 가상의 공간을 자유롭게 유영하는 동안, 우리 몸은 굳어간다. 기술이 가져올 새로운 미래를 미리 부정하려는 것은 아니다. 다만 아직까지 뉴미디어를 통한 경험은 손과 발과 근육의 감각이 아니라 뇌세포의 감각을 자극하는 데 집중되어왔다.

미디어 이론가인 마셜 매클루언Marshall McLuhan이 짚어냈듯 인류 역사에서 새로운 미디어가 등장할 때마다 우리가 생각하고 세계를 인식하는 방식에도 변화가 일어난다. 예를 들어 인쇄술이 발명된 뒤로는 오감의 균형이 눈의 감각으로 기울어 시각이 우리 몸을 지배하는 감각이 되었다. 그는 텔레비전 같은 전기 · 전자 미디어의 등장으로 인간이 오관을 균형 있게 사용하게 되리라고

낙관하기도 했다. 그러나 우리가 마주한 현실에서 뉴미디어의
쾌적함과 지배력은 아주 쉽게 감각의 균형을 깨뜨리고 만다.
디지털 기술은 내가 동의하기도 전에 나의 존재 방식을
바꾸어버리기 때문이다. 가까운 예로 스마트폰이라는 하나의
미디어에 집약된 기술들은 우리가 정보를 얻는 방식, 나를
드러내는 방식, 타인과 관계 맺는 방식을 급격히 뒤바꿔놓았다.
　　미디어와 네트워크 안에서 가상의 이미지가 되어 존재하는
동안 나의 실재가 함몰되는 시간을 경험한다. 새로운 기술과
매체는 우리를 확장시킬 수도 있고 가둘 수도 있는 양날의
칼이다. 계속해서 진화하는 뉴미디어 시대를 살아가는 우리에게
어느 때보다도 감각의 균형이 필요한 이유다. 잠들어 있는 손의
감각을 깨워 만지고, 움직이고, 손으로 생각하면서 '만들기'
시작해야 하는 것은 다름 아닌 삶에 대한 새로운 감각이다.

'만들기'라는 추상명사

　인간의 모든 활동이 궁극적으로 '만들기'가 아닌가, 그런데
새삼스레 왜 '만들기'를 이야기하겠다는 건지 의문이 들지도
모르겠다. 거듭 쓰이게 될 '만들기'라는 표현은 전혀 새로울
것 없는 일상적인 말이지만 어떤 면에서는 낯설게 느껴지기도
한다. 무언가를 만든다고 할 때, 예를 들어 의자를 만든다 빵을
만든다 할 때 우리는 결과물인 의자와 빵에 무게를 두어 생각하지
그것을 만든다는 일이 어떤 의미인지를 따로 떼어 결과물보다 더
깊이 생각하지는 않는다. 이 '만들기'라는 말의 의미를 한정하고
낯설게 보고자 함이 이 책을 쓰는 이유이기도 하다.
　'만들기'라는 말로 표현할 수 있는 의미는 아주 많다.
그중에서 릴리쿰이 집중하는 만들기는 재료나 도구를 가지고
'형태'와 '실체'를 만드는 제작 활동이다. 단 인간이 손으로

하는 모든 제작 행위, 즉 공예나 기예뿐 아니라 개인의 삶과
관련된 무언가를 만들어내는 '생산' 활동을 우리는 '만들기'라고
생각한다.

그렇다면 우리 삶에서 가장 가까운 '만들기'는 무엇일까.
매일 손을 움직여 재료를 다듬거나 삶거나 굽는 과정을 거쳐
음식으로 만드는 요리가 아닐까. 물론 지금처럼 바쁘게 살아가야
하는 사회에서 모든 사람이 일상적으로 요리를 하진 않는다.
하지만 개개인의 생활 방식에서 멀어져 있더라도 요리는
인간에게 자연스러운 것, 본능적인 것에 가깝다. 인류는 요리와
함께 도구의 역사를 쓰기 시작한 것으로 보인다. 영장류 동물학자
리처드 랭엄은 인간이 조리된 요리에 생물학적으로 적응했다는
점에서 다른 동물과 차이점이 발견된다고 말한다. 인류는 불을
다루는 기술을 익혀 야생에서 살아남았다. 동시에 날것을 먹지
않아도 되는(에너지를 더 효율적으로 얻을 수 있는) 조리 기술을 익혔다.
도구의 진화가 거듭되었고 요리도 그랬다. 예를 들어 물을
끓이는 일이 가능해진 것은 불을 견디는 옹기가 나온 이후다.
그릇에 물을 담아 끓일 수 있게 되면서 인류는 음식을 부드럽게
하고, 채소와 고기의 맛을 섞거나 새로운 맛을 만들어낼 수 있게
되었다. 맛있는 음식을 원하는 인간의 본능은 이후로도 많은 것을
발견해냈다. 주변의 모습과 쓰이는 도구들은 무척 달라졌지만
우리는 여전히 만 년 전과 마찬가지로 불과 물, 공기와 흙을
다루며 요리를 한다. 씨를 뿌리고 열매를 수확하고 재료를

저장하고 도구를 만들어 조리하는 모든 과정 안에서, 만들기는
인간에게 다름 아닌 생존의 방법이자 본성이다.

이 '만들기'라는 말 앞에 '스스로'를 붙이면 의미가 더
증폭된다. '스스로 만들기'라고 하면 가장 먼저 떠오르는 말은
'DIY, Do It yourself'일 것이다. DIY 정신이 발생한 원류를
찾아 1800년대로 시계를 돌려보자. DIY는 산업혁명이 시작되고
기계화의 영향으로 삶이 직접 만들어 쓰는 행위에서 멀어진 뒤
생겨난 개념이다. 근대화가 시작되면서 자본주의와 대량생산
방식이 발흥했고, 그에 따라 비인간적인 노동이나 저급한
물건들에 대한 문제의식 또한 생겨났다. 이런 반작용은 현대
디자인의 개념을 세운 미술공예운동 Art and Craft Movement 으로
이어졌다. 이 운동의 시발점에 사회주의 사상가이자 시인,
예술가였던 윌리엄 모리스가 있었다. 그는 자유로운 노동에
의한 생활예술이 우리 삶과 세상을 아름답게 만들 수 있다고
믿었다. 모리스는 진정한 예술은 소수를 위한 것이 아니라 민중을
위한 것이어야 한다고 여겼다. 그에게 예술은 모든 사람의
노동 가운데 존재하는 즐거움의 표현이어야 하고, 만드는 손과
사용하는 손에 행복을 주는 것이어야 했다. 기계 산업이 노동의
즐거움을 해치고 예술이 숨 쉬어야 할 생활 공간에 추악한 건물과
물건들이 들어차는 현실은 모리스에게 끔찍한 일이었다. 그는
이런 현실을 바꾸기 위해 친구들과 함께 '모리스 마샬 포크너
상회'를 열었다. '우리도 실내 장식부터 가구 디자인까지 모든

일을 혼자서 했던 중세 예술가들처럼 직접 해보면 어떨까' 하는
농담 같은 이야기에서 시작되었다고 한다. 자본주의 사회에서
소외될 수밖에 없는 수공예와 예술의 가치를 바로 세워 세상을
바꾸어보겠다는 시도였다. 그러나 모리스 상회의 공예품들도
'판매'라는 목적을 가지고 만들어진 상품이었고 그의 시도는
실패할 수밖에 없었다. 결국 손으로 만드는 행위의 진정한 가치는
자신이 직접 도구를 사용하고 환경을 가꾸면서 육체 노동과
창작의 기쁨을 느끼는 개인적인 경험에서 비롯하기 때문이다.

　　'Do It Yourself'라는 문구는 1950년대에 영국에서
등장했다. 창작과 비용 절감이라는 두 가지 목적을 가지고 스스로
고치고 꾸며 주거 환경을 개선하는 경향을 나타내는 말이었다.
이제는 다양한 분야에 적용되는 용어로 자리 잡았다. 생활
소품을 손으로 직접 만들거나 기업의 제품에만 의존하지 않고
화장품이나 비누 같은 것을 직접 만들어 쓰는 행위를 의미하기도
한다. 제작자와 사용자의 거리를 좁히는 제품 디자인 접근 방식을
가리키기도 하고, 소규모의 사람들과 공감대를 형성하기 위한
독립적인 활동 방식을 일컫는 말이기도 하다. 펑크 음악 신 같은
하위문화에도, 영화와 공연 같은 대중문화에도 DIY 정신이 녹아
들어 있다.

　　DIY 문화는 윌리엄 모리스처럼 노동의 즐거움과 자기를
표현하는 예술의 가치에 공감하고, 스스로 만드는 행위를 문화
생산의 대안적인 방식으로 삼는 태도가 응집된 것이다. 릴리쿰의

활동을 이야기할 때 말하는 '만들기' 역시 이런 태도와 철학을 담은 언어다. 오늘날 DIY 정신은 비단 문화적 영역에만 머무르지 않는다. DIY를 추구하는 사람들의 관심이 과학 기술과 공학의 영역을 넘나들면서 새로운 혁신의 힘으로 전환되고 있다.

이 같은 만들기 안에 숨어든 새로운 코드를 읽으려면 '해커 정신'을 이해할 필요가 있다. 해커^{hacker}의 동사형인 'hack'의 의미는 조금 자의적으로 해석하면 짜인 구조(코드)를 분석하거나 해체해서 바꾸거나 재건축(프로그래밍)하는 것을 즐긴다는 뜻이다. 'hack'은 미국 매사추세츠 공과대학^{MIT}에서 통용되었던 은어였다. 1961년 MIT에서는 당시 전자 기술을 선도하던 기업 DEC에서 내놓은 일종의 미니 컴퓨터 PDP-1을 구매했다. 그리고 MIT의 테크 모델 철도 클럽 멤버들은 이 컴퓨터를 가지고 놀면서 자신들에게 필요한 환경을 직접 프로그래밍해 만들었다. 통신상에서 그들끼리 사용하는 은어도 만들어졌는데 바로 이런 문화에서 'hack', '해커'라는 용어가 생겨났다. 이른바 '해커'로 불리는 영광을 누렸던 프로그래머들은 컴퓨터가 대중화되기 이전부터 직접 프로그램을 만들어 쓰면서 개인용 컴퓨터 시대의 도래를 이끈 사람들이다. 이들은 새로운 매체와 기술을 주어진 그대로 사용하는 데서 그치지 않았다. 사용자인 동시에 '생산자'로서, 직접 파헤치고 연구하고 다르게 바꾸어나갔다.

해커 문화가 시작된 지 55년이 지난 지금, 집 한 채를 가득 채울 정도로 컸던 컴퓨터는 손바닥보다 작아졌다. 미국 국방성의

디지털 통신 실험으로 만들어졌던 아르파넷ARPAnet은 이제 전
세계로 보급된 네트워크, 인터넷이 되었다. 인간과 컴퓨터 사이의
통신은 이진수로 이루어진 숫자 코딩에서 시작되어 기계어와
스크립트 언어라는 다양한 변이를 거쳐 음성, 생체정보 인식,
인공지능 등으로 끊임없이 진화하고 있다.

　　이 거대한 변화에는 일찍이 이러한 환경들을 설계하는 데
직접 기여한 해커들의 공이 크다. 비단 그들이 특정한 무언가를
만들어냈기 때문만은 아니다. 그보다는 이른바 공유, 개방,
분산, 자유로운 접근, 공익이라는 자생적인 행동 윤리를 만들고
따랐다는 점이 더욱 의미가 큰지도 모른다. 시스템이 어떻게
작동하는지를 이해하고 이를 필요에 따라 자유롭게 바꾸어
쓰고자 하는 해커 정신, 누구나 이러한 세계를 건설하는 일에
동참할 수 있도록 문을 열어두는 해커 윤리는 이를 계승한 수많은
프로그래머에게 웹의 건축과 공존을 위한 철학이 되었다. 그리고
이제 주변 환경을 총체적으로 이해하는 데 필요한 삶의 자세로
전이되고 있다.

　　한편 사물의 용도를 새롭게 정하거나 개조하는 일도
해킹이라는 개념으로 표현하곤 한다. 이른바 '사물 해킹'이다.
사물 해킹의 간단한 사례는 이케아 제품을 개조한 물건들에서
찾을 수 있다. 이케아의 가장 큰 특징이라면 비교적 싼값에
반제품 형태로 물건을 구매할 수 있다는 점이다. 조립식 장난감을
만들듯 부품을 이리저리 조립해 완성품을 만든다. 이케아 제품

중에는 간단하게는 부품을 끼우기만 하면 되는 것도 있지만, 커다란 옷장이나 침대처럼 부품 단위로 나뉘어져 있고 이를 조립해야 완성품이 되는 것도 있다.

'그런데 꼭 설명서대로 만들라는 법이 있나', '의자를 샀다고 꼭 의자만 만들라는 법이 있나', 이런 생각이 '이케아 해킹'의 시작이었을 테다. 만 원도 안 되는 가격으로 살 수 있는 '프로스타'라는 스툴이 있다. 사람들은 원래 작은 의자를 만들기 위해 포함된 구성물을 해킹해 저마다 용도가 다른 전혀 새로운 물건을 만들어낸다. 스툴에 달아야 할 다리 네 개 중 두 개를 원래의 위치가 아니라 다른 두 다리에 연결해 협탁을 만들기도 한다. 스툴의 다리 몇 개를 연이어 붙여 나뭇가지 모양의 옷걸이를 만든다거나 책을 올려둘 수 있는 선반으로 개조한 사례도 있다. 조금 더 놀라운 예로 이 스툴 구성물을 가지고 어린이용 자전거 '드라이지네'를 만든 이도 있다. 동그란 스툴 상판, 즉 앉는 부분을 자전거 바퀴로, 스툴 다리를 자전거 프레임으로 사용하고, 프로스타 구성물에는 없는 자전거 부속품은 3D프린팅으로 출력해 자전거를 만들었다.

이케아 제품들을 해킹해 다른 쓰임새를 만드는 작업은 이케아해커스 ikeahackers.net 라는 온라인 커뮤니티까지 생겨날 정도로 많은 사람이 시도하고 있다. 새로운 해킹을 고안해낸 사람들은 누구나 따라 할 수 있도록 설명서를 작성해 이 사이트에 공유한다. 역시 해커 정신인 셈이다. 재봉틀에 관심이 많은

나에게는 그중에서 평범한 사각 테이블을 재봉틀용 테이블로
변신시킨 설명서도 유용해 보인다. 문서 정리함 네 개를 이어
상판으로 만든 커피 테이블은 디자인이 제법 멋져서 당장
만들어보고 싶은 생각이 들 정도다.

　　해킹이라고 해서 꼭 이렇게 폼 나는 작업만 떠올릴 이유는
없다. 우유 팩이나 깡통을 비누 곽이나 양초 캔으로 활용하는
생활의 지혜도 해커 정신과 본질은 같다. 정해진 쓰임과 구조를
벗어나 새로운 가능성을 스스로 찾아내는 것 그리고 직접
바꾸어가는 것이다.

　　손을 쓴다는 것, 직접 만든다는 것은 우리 모두가
어린아이였을 때 걸음마를 익히고 주변에 존재하는 것들을
인식하고 그 원리를 하나하나 배웠던 것과 비슷하다. 만들기에
몰입할 때 우리는 사물과 세계를 사용 설명서나 정형화된
지식으로 배우는 것이 아니라 자신의 노력으로 직접 이해하는
경험을 얻게 된다.

　　우리에게 내재된 만들기 본능과 예술에 관한 철학 그리고
DIY 문화와 해커 정신이 만나면서 이 시대는 '만들기'를 새롭게
정의하고 있다. 기업은 부를 축적하기 위해 값싼 물건을 과잉
생산하고 개인은 불필요한 소비를 종용당하는 시스템은 인간과
자연 양쪽 모두에게 공정하지 않으며, 더 이상 지속 가능하지
않다. 윌리엄 모리스가 인간은 모두 예술가가 되어야 한다고
생각했던 것처럼 어쩌면 우리 모두 '만드는 사람'이 되어야

할 시대가 다가오고 있는 것이 아닐까. 이제부터 그 이야기를
해보자.

2 만들기가 사라진 시대

잃어버린 것들

"시장 중심의 가치 평가와 거기에서 비롯되는 제약들로부터 노동을
해방하려면 노동시장 속에서 형성된 노동 윤리를 장인 의식^{workmanship}의
윤리로 대체해야 한다. (…) 인간은 창조적 존재이므로 가격표가 노동과
무노동을, 성실과 게으름을 구별해준다고 생각하는 것은 스스로 품위를
떨어뜨리는 일이다."

– 지그문트 바우만,《새로운 빈곤》

이제 퇴직 후의 삶으로 접어드신 부모님을 떠올리면 어릴
때부터 신기하게 생각했던 점이 있다. 바쁜 일상에 지치실 만도
할 텐데, 늘 채집 활동에 열심을 기울이셨다는 점이다. 제철에
나는 나물을 캐러 산으로 들로 다니셨고, 도토리나 밤을 주워
오기도 하셨다. 그뿐만이 아니었다. 계곡으로 가족 나들이를

나가서도 엄마의 관심은 물놀이보다는 다슬기를 줍는 일이었다. 게다가 나이가 드신 지금도 이런 일을 멈출 기색이 없어 보인다. 이런 수렵 채집의 이유는 재료를 구하기 힘들거나 사 먹을 돈이 없어서는 분명 아니다. 부모 세대들이 자라면서 자연스럽게 익혔던 자급 문화가 그들의 본성으로 아직 살아 있기 때문일 것이다.

여름방학에 탐구생활 과제를 할 때면 부모님은 훌륭한 자연 선생님이 되어주었다. 풀과 꽃의 이름을 알려주고 그중 먹을 수 있는 것과 없는 것을 구분해주었고 어떻게 조리해야 맛있는 요리가 되는지 알려주셨다. 부모님은 몸소 익혀 삶의 기본이 된 지식에서 자연의 이치를 배웠다. 부모님은 당신의 부모님에게서, 또 그들은 그들의 부모님에게서 여러 세대에 걸쳐 물려받은 지식과 이치였을 테다. 부모님에게는 취미나 추억의 영역에 속하는 일이겠지만 그보다 더 전 세대들에게는 생존이 걸린 문제였을지도 모르겠다. 어쨌건 나는 '내가 어른이 되면 나도 이런 것들을 다 알게 되는 걸까? 그렇다면 정말 멋지겠다!'는 생각을 품기도 했다.

그런데 부모님 세대가 우리 세대에게 바란 삶은 이와는 정반대였던 것 같다. 정장을 입고 출근해서 책상 앞에 앉아 일하다가 퇴근 시간이 되면 따뜻한 집으로 돌아오는, 당신들이 보기에 보다 편안한 삶을 누릴 수 있기를 바랐다. 당신들의 시대에는 쉴 새 없이 몸을 움직이는 노동으로 삶을 겨우 감당할

수 있었기에, 그런 고된 경험이 많을수록 자식은 이른바
'사무직'이 되어 몸 고생을 하지 않는 삶을 살기를 갈망했다.
하루 벌어 하루를 살아야 하는 일용직이 아니라 월급이 꼬박꼬박
나오는 일을 하게 되기를, 오늘 일이 내일 있을지 없을지 모르는
삶이 아니라 고용이 보장되어 수십 년 안정된 삶을 추구할 수
있기를 바랐다.

　많은 이가 그런 설계도에 따라 대학을 갔고 취업을 했다.
그러나 이제 우리 역시 오늘의 일이 내일 있을지 없을지 모르고,
오늘의 고생이 내일의 안정된 삶을 보장하지도 않는 시대를 산다.
그러면서 누대에 걸쳐 다져온 삶의 지혜는 사라져간다. 더 긴
시간 그 사무직으로 있기 위해서 우리는 더 많은 시간을 일해야
하고 그러기 위해 다른 많은 것을 포기해야 한다. 대부분의 젊은
노동자는 생계와 생활을 위한 임금을 볼모로 계속해서 생산력을
더 높여야 하는 굴레에 갇혔다.

　생산력을 높이기 위해 나머지 시간들은 최대한 축약하거나
아예 생략하거나, 비용을 내고 시간을 사야 한다. 밥을 짓기
위해 쌀통에서 쌀을 꺼내 훌훌 씻어 전기밥솥에 넣고 버튼을
누른다. 그마저도 힘든 이들을 위해 '씻어 나온 쌀'도 판매되고,
전자레인지에 2분만 돌리면 따끈따끈하게 지어진 밥을 먹을
수도 있다. 요리를 하는 데 가장 필요한 '시간'이 없기 때문에
매일 직접 요리한 음식을 먹던 일상은 사라져간다. 십수 년 전만
해도 옷이 닳거나 구멍이 나면 바느질로 고쳐 입고, 라디오 같은

전자제품이 고장 나면 뜯어 안을 들여다보고 접선 불량 따위의 가벼운 고장은 대개 직접 수리해서 썼다. 이렇게 일상의 문제를 해결하는 손노동은 자연스러운 일이었다. 대단한 전문 기술이 없어도 무언가를 고치거나 만드는 일은 일상적인 행위였다.

이제 모든 필요는 전문가의 손에서 탄생해 값이 매겨져 있을 때 제 기능을 다할 것이라고 여겨진다. 아주 훌륭한 작품이나 개인적인 작품을 가리켜 '값을 매길 수 없다'고 말하는 것은 그만큼 값을 매기는 일이 이 사회에서 보편타당하게 통용되는 현실의 반증일 테다.

고장 난 제품은 고쳐 쓰기보다 버리고 새것을 사는 데 더 익숙하다. 잘 쓰던 스마트폰에서 갑자기 소리가 나지 않는다면? 아마 인터넷으로 가장 가까운 서비스센터를 찾아볼 것이다. 스마트폰을 직접 뜯어 수리한다는 건 언감생심이다. 괜히 직접 열었다가 수리에 실패하면 더 비싼 수리비를 감당해야 한다. 세면대 수챗구멍으로 물이 시원하게 빠지지 않는다면? 인터넷으로 이런저런 방법을 검색해 대처법을 발견했다 쳐도, 집에 마땅한 공구가 없음을 알고는 역시 수리공의 연락처를 검색하게 되지 않던가. 단돈 천 원이면 양말 세 켤레를 살 수 있으니, 양말에 구멍이 나도 바느질로 기워 신느니 새로 사는 편이 더 싸다고 느껴진다.

이제 무언가를 직접 만드는 행위는 시간과 비용을 들여 즐기는 취미 생활이거나 일상에서 벗어난 일탈에 더 가까워졌다.

무언가를 만든다고 할 때도 생활에 실제 쓰이는 물건을 만드는 일이기보다는 관상용이기 십상이다.

기어이 짬을 내 무언가 직접 고치거나 손을 대보려 해도 또 다른 걸림돌이 있다. 손에 들어오는 거의 모든 물건이 내가 개입할 여지를 친절히 남겨두지 않는다. 없는 솜씨라도 발휘해 옷을 좀 고쳐 입어보려 해도 주로 사 입는 패스트 패션 브랜드의 생산품은 여분의 시접이 인형 옷보다도 박할 정도로 좁다(원단을 조금이라도 줄여 원가를 낮추고자 하는 노력 탓일 테다).

게다가 값싼 노동의 대가를 돈으로 치르면 살 수 있는데, 굳이 직접 만들거나 고쳐서 쓰겠다고 하면 가난의 흔적을 놓지 못한 습관으로 평가절하된다.

뿐만 아니라 생활과 매우 가까운 것들이 전문 영역으로 분리되어 아무나 쉽게 손댈 수 없는 영역으로 변화되어간다. 문고리에 실을 걸어 아이의 이를 빼던 장면들은 이제 옛날 문화가 되었다. 아이 이가 덜그럭거리면 당연히 치과에 가야 한다. 학교를 가지 않는 주말에 수돗가나 화장실에서 벅벅 문질러 빨던 운동화나 가방은 이제 당연히 '전문적으로' 세탁해주는 서비스업체에 맡겨야 한다. 어릴 적에는 주말마다 아버지와 함께 약수를 뜨러 뒷산에 올랐다. 무거운 물통 여러 개를 아버지와 나눠 들고 짧지 않은 거리를 걸어 내려오며 힘들다고 투덜거렸던 기억이 난다. 슈퍼마켓이 아니라 산에서 마실 물을 구할 수 있다는 생각은 불과 십여 년 만에 선뜻 그려지지 않는 발상이 되어버렸다. 삶이 변해가는 동안 나와 자연의 간격은 아주 많이 멀어졌다.

영국의 요리사 제이미 올리버는 〈음식 혁명Food Revolution〉이라는 TV 프로그램에서 미국 웨스트버지니아 주 헌팅턴에 있는 어느 초등학교 1학년 학생들을 찾아가 토마토를 보여준다. 그리고 이 채소의 이름이 뭔지 아느냐고 묻는다. 아이들은 토마토를 한번도 본 적이 없다는 듯 낯설어한다. 한 아이는 감자라 대답한다. 올리버가 아이들에게 '이걸로 토마토케첩을 만든다'고 얘기해주자 아이들은 놀라워한다. 브로콜리나 버섯, 가지, 감자를 차례로 보여주며 아이들에게 이름을 말해보라고 한다. 아이들은 마찬가지로 쉽게 대답하지 못한다. 믿기 힘든 광경이었지만 이런 싱싱한 채소를 직접 만지고 다뤄본 적이 없는 아이들에게는 케첩과 토마토는 전혀 다른 세계였을 테다. 촬영지인 헌팅턴은 미국 내에서도 가장 건강하지 못한 도시로 평가되는 곳이라고 한다. 이것이 과연 그들만의 문제겠는가. 우리 아이들도 '참치' 하면 노란색 캔을 먼저 떠올리지는 않을까.

일상의 소소한 일들을 스스로 해결하던 시대, 그 시대를 살았던 세대와는 다른 현재를 사는 우리에게 직접 무언가를 해본다는 경험은 점점 드물어지고, 그럴 기회가 사라지고 있다. 우리는 멈출 줄 모르는 거대한 시스템의 일부가 되어서 각자에게 주어진 전문 영역에서, 주어진 일을 최대한 잘 해내기 위한

능력을 키우는 데 집중한다. 그 역시 쉽지 않은 일이다. 그리고
그러느라 내 삶 주변 일들을 직접 돌볼 수 있는 중요한 능력을
잃어간다. 이반 일리치는 이러한 현대 사회의 모습을 '가난의
현대화'라 말한다.

> '현대화된 가난'은 과도한 시장 의존이 어느 한계점을 지나는 순간부터
> 나타나기 시작한다. 이 가난은 산업 생산성이 가져다준 풍요에 기대어
> 살면서 삶의 능력이 잘려나간 사람들이 겪어야 하는 풍요 속의 절망이다.
> 이 가난에 영향을 받는 사람은 창조적으로 살고 주체적으로 행동하는 데
> 필요한 자유와 능력을 빼앗긴다. 그리고 플러그처럼 시장에 꽂혀 평생을
> 생존이라는 감옥에 갇혀 살게 된다. 현대의 이 새로운 무력함은 너무나도
> 깊이 경험되는 것이라 겉으로는 거의 드러나지 않는다.
>
> — 이반 일리치, 《무엇이 우리를 쓸모없게 만드는가》

이반 일리치는 발전이라는 환상에서 빠져나와 경제 성장을
섬기지 않기로 하고 자급자족적 삶의 기술을 갖춘 인간형을
지지한다. 이들은 전통적인 자급자족 사회와는 달리, 공동의
환경을 자급자족적으로 이용하여 생산과 소비를 대체하는 데
높은 가치를 둔다. 노동의 자율성이 회복된 삶, 우리가 가진
물건이 우리의 존재를 정의하도록 내버려두지 않는 사회다. 이와
같은 새로운 사회에 대한 상상은 지금 우리에게도 절실하게
필요해 보인다. 이대로 계속해서 발전이라는 거대한 톱니바퀴가

굴러간다면, 우리는 공유재를 시장에 빼앗기고 자율적인 삶의 능력을 잃은 채 그저 노동 기계처럼 살아갈 수밖에 없을 것이기 때문이다.

소비하는 삶

며칠 전, 이사한 집 근처를 탐색하다가 버려진 의자 하나를 봤다. 아스팔트로 포장은 되어 있지만 차보다는 사람이 더 자주 다닐 것 같은 골목에서였다. 좁다란 인도 한 칸 아래 격자무늬 하수구에는 담배꽁초가 가득했고, 고인 물은 시꺼멓게 썩어 악취를 풍겼다. 집 한 채 너비만큼 멀뚱히 선 담벼락에는 '쓰레기 버리지 마시오'라는 문장이 붉은색 스프레이 페인트로 커다랗게 적혀 있었다. 담 모퉁이에는 얼기설기 얽힌 전선을 인 전봇대가 서 있었고 그 아래엔 어느 단체에서 가져다놓았는지 명확하지 않은, 누런 솜이불이 목 끝까지 욱여넣어진 헌 옷 수거함이 있었다. 반대편 모퉁이에는 음식물 쓰레기 수거함 세 개가 나란히 얼룩덜룩한 주황색 뚜껑을 쓴 채 놓여 있었다. 그런 풍경 가운데쯤에 의자가 있었다.

밝은색 원목으로 만들어진 등받이가 높은 의자. 의자는 마치 버려진 것이 아니라는 듯, 누가 옮기다 잠시 내려놓은 것처럼 외따로 놓여 있었다. 나는 골목에 오가는 사람이 없는지 확인한 뒤 가까이 가서 의자 상태를 살펴보았다. 멀쩡해 보였다. 빠진 나사도 없고, 다리가 흔들거리지도 않았다. 높이도 적당하고 모양도 괜찮았다. 잠시 고민에 빠졌다. '주워 갈까.' 마침 이사 통에 망가진 의자를 대체할 것이 필요하던 참이었다. 한번 앉아도 보고, 들어 올려 무게를 가늠해보기도 했다. 가져가자는 쪽으로 마음이 기울었지만 의자가 놓인 더러운 길바닥을 보고는 다시 마음이 흔들렸다. 옛 주인이 내놓자마자 바로 발견했다면 모르지만 언제 버려졌는지조차 알 길이 없었다. 30분 전일 수도 있지만 어쩌면 세 시간 전 혹은 사흘 전일 수도 있었다. 그동안 의자가 어떤 일을 겪었는지 어떻게 알겠는가. 벼룩을 키우는 길고양이가 와서 가려운 등을 긁었을지, 전봇대를 노린 취객의 노상 방뇨를 튀었을지. 누군가 음식물 쓰레기 봉지를 나르다가 가득 찬 수거함을 두고 투덜거리며 의자에 잠시 올려놓았을 가능성도 없지 않았다. '이 의자가 여기 머무르는 동안 있었을지도 모를 일들'을 하나하나 떠올리자 의자는 점점 매력이 없어졌다. 결국 나는 고개를 젓고 골목을 벗어났다.

돌아가 보진 않았지만 지금쯤 의자는 사라지고 없을 것이다. 아마 주민센터와 계약을 맺은 전문업체가 수거해서 폐기 처분했겠지. 보통은 쓰레기장으로 갈 테지만 '운이 좋다면'

분쇄기로 들어가 섬유질 단위로 분해된 뒤 재생지 한 귀퉁이가 될 수도 있다. 하지만 얼마큼 운이 따르든 의자라는 상태 그대로 필요한 누군가에게 전달될 확률은 낮다. 나무가 뿌리로부터 분리되어 의자로 탄생하기까지 소비되어야 했던 이산화탄소와 노동력, 화학 처리와 유통, 전시라는 다종다양한 단계를 고려한다면 참으로 허무한 내생(來生)이 아닐 수 없다.

당연하게 누리던 것들을 낯설게 들여다보면 우리 일상은 어떤 꼴일까.

나는 아침에 눈을 뜨면 바로 미국 브랜드가 붙은, 중국에서 만든 휴대전화부터 확인한다. 내가 쓰는 침대는 반만 직접 하면 된다는 뜻인지, '반 DIY'라는 우스꽝스러운 이름을 달고 배달된 목재를 조립해서 만든 것이다. 그 옆에는 전 세계에 똑같이 유통되는 이케아 서랍장이 놓여 있다. 그 위엔 1년의 반 정도는 '특별' 세일이 진행되는 브랜드에서 구입한 화장품 몇 개가 흩어져 있는데, 원 플러스 원으로 싸게 사서 쟁여놓기는 하지만 밖에 나갈 일이 없으면 며칠이고 세수도 한번 안 하는 편이라 항상 한 통도 다 쓰지 못하고 유통기한을 넘겨 버리기 일쑤다. 책상은 가구점을 하셨던 아버지께서 만들어주셨다. 사용한 지 15년이 넘었다. 침대 발치에는 책장 세 개가 나란히 서 있다. 필요할 때마다 인터넷에서 가장 싼 걸로 고른 책장들이다. 1년 간격을 두고 서로 다른 곳에서 구입했는데도 색이며 디자인이 별반 다르지 않다. 싸구려 책장은 마구잡이로 겹쳐 꽂아둔 책의 무게 탓에 선반 가운데가 죄다 휘어 가라앉았다.

아침 식사로는 보통 집에서 만든 요거트와 스크램블을 먹는다. 스크램블을 만들기 위해 팬에 기름을 두르다 '엑스트라버진' 올리브오일은 전체 올리브오일 생산량 중에서 10퍼센트밖에 나올 수 없는 고급 기름이라던 기사가 떠오른다. 그 기사를 읽은 이후로는 올리브오일을 쓸 때마다 세상이 올리브 나무로 뒤덮여 있는 게 아니라면, 어떻게 이 세상에 이토록 많은 엑스트라버진 올리브오일이 존재할 수 있는지 의아해지곤 한다.

옷장을 채운 옷은 대부분 SPA 브랜드에서 구입한 것들이다. 방글라데시에서 만든 바지, 말레이시아에서 만든 티셔츠, 중국에서 만든 카디건. 누군가는 SPA 브랜드를 두고 질이 나쁘고 유행을 이용해 소비를 부추긴다고 비판하지만, 비교적 기본 아이템 위주로 골라 오래 입는 편인 나로서는 질이 나쁘다는 말에도 유행에만 치우친 디자인이라는 말에도 쉽게 동의할 수 없다. SPA 브랜드 옷을 입으면서 마음이 쓰이는 부분은 정당한 노동의 대가를 받지 못하는 저개발 국가의 노동자들이다. 그들이 부당한 대우를 받고 있다는 정보를 접할 때마다 내 옷장이 부끄러워진다. 하지만 막상 나의 빈곤과 그들의 빈곤이 대립하면, 쉬운 선택을 해버리고 만다. 옷을 입을 때마다 글로벌 대기업의 공범이 된 기분에 시달리면서도 바꾸진 못한다. 불행히도 죄책감은 썩 비싸지 않다.

오늘 집을 나서면서는 이사하면서 거실이 좁아진 탓에

둘 곳이 없어진 좌탁을 들고 나왔다. 누군가 주워가길 바라며 되도록 깨끗한 곳에 놓아두었다. 필요한 사람이 가져가지 않으면 주민센터에서 대용량 폐기물 스티커를 사다가 붙여야 한다. 요즘에는 돈을 주고 산 것을 돈을 내고 버린다.

자발적 잉여가 된 이후 내 작업실은 릴리쿰이나 방, 도서관, 카페, 그날그날 일정에 맞춰 달라진다. 오늘은 친구와 함께 대형 프랜차이즈 카페로 간다. 편의점만큼이나 곳곳에 우후죽순 들어서서 전국의 길치들을 괴롭힌다는 그 카페다. 드라마를 쓰는 친구는 공모전에 낼 시나리오를 수정하고, 나는 다음 날 진행해야 하는 워크숍을 준비한다. 한 층에 모두 다섯 종류의 탁자가 놓여 있다. 내가 차지한 건 두꺼운 나무판에 철재로 된 프레임을 결합해 꽤 묵직하게 만든 탁자다. 나무판 아래에 '스칸시아비에트SCANSIAVIET'라는 상표가 붙어 있다. 검색해보니 베트남 회사다. 그럼 베트남에서 만들어진 테이블일까 하고 홈페이지를 살펴보니 이 회사는 베트남 외에도 인도네시아와 버마(미얀마), 캄보디아에 공장이 있다. '메이드 인Made in' 표시가 남아 있지 않아 그 공장들 중 어디서 만들어졌는지는 알 길이 없다. 오기가 생겨 다른 탁자들 밑도 살펴봤지만 회사 이름 외에는 아무것도 없다. 이용하는 사람 없이 덩그러니 놓인 어린이용 의자에만 독일에서 만들었다는 표시가 굳이 자랑스럽게 붙어 있을 뿐이다.

미국 브랜드 카페에 유럽과 아시아에서 만들어진 가구,

최소 세 개 대륙이 이 카페를 이루고 있다는 사실이 재미있지
않냐는 내 말에 친구는 탁자 위 커피 얼룩을 가리켰다. 그러고는
그 얼룩 하나에도 대륙 세 곳이 담겨 있다고 했다. 원두가 난
아프리카, 원두를 로스팅한 미국 공장, 원두를 갈아 추출한 한국.
그러고 보면 넓게 확장할 필요도 없이 내 가방 안에만 해도 온갖
대륙에서 건너온 물건들이 담겨 있다. 친구의 가방 속도 다르지
않을 것이다.

　어느 정도 작업을 마친 뒤 집으로 돌아오는 길, 좌탁은 내가
버려둔 그대로였다. 역시 스티커를 사 와야 하나 한숨을 쉬면서
들어와 두부 반 모와 가지, 버섯을 볶아 정체불명의 덮밥을 해
먹었다. 그리고 재활용쓰레기를 정리했다. 우유 팩, 세제 통, 빈
참치 캔과 꾹꾹 눌러 밟은 열 개들이 달걀 포장, 서랍장을 사면서
필요 없어진 플라스틱 바구니와 택배로 받은 책이 담겼던 종이
상자, 가지고 있는 줄도 몰랐다가 청소하다가 발견한 더 이상
사용하지 않는 충전기들.

　쓰레기는 일상을 축약해서 보여주는 지표다. 신발장 옆에
모아둔 쓰레기를 보면 일주일간 혹은 한동안 게을렀다면 몇
주간 내가 무엇을 소비했는지 고스란히 드러난다. 사는 곳, 하는
일은 달라도 아마 당신의 쓰레기도 별반 다르지 않을 것이다.
버려지는 것은 구입된 것들이다. 보통의 삶에 '노동'은 있지만
'행위'는 없다.* 자본주의 시대를 살아가는 우리 대부분은 열심히
'노동'을 '생산'하느라 무언가를 만들지만, 내가 쓰는 물건이나

도구를 직접 만들 기회는 거의 없다. 대신 수공예나 대량생산으로 만들어진 것을 주로 '구입'하고 '소비'하고 결과적으로는 폐기물을 만든다. 1987년 페미니즘 예술가 바버라 크루거는 "나는 소비한다, 그러므로 존재한다I shop, therefore I AM"라고 말했다. 여전히 유효한 명제다.

우리 일상은 거의 소비 활동으로 채워진다. 소비는 이 사회가 새롭게 요구하는 노동이다. 우리는 소비함으로써 자신이 가치 있는 사회 구성원임을 증명해야 한다. 아침에 눈을 떠서 다시 잠자리에 들기까지 움직이는 순간마다 우리는 무언가를 사거나, 사용료를 지불한다. 실제로 소비하지 않는 동안에도 광고로 쉴 새 없이 소비를 종용당한다. 그들은 외친다. '지금' 신용카드를 그어라. '지금' 빚을 내서라도 집을 사라. 영화 〈파이트 클럽〉의 명언은 사실이다.

"광고는 우리로 하여금 차나 옷을 좇게 만든다. 우리는 하기 싫은 일을 억지로 해가면서 번 돈을 필요하지도 않은 물건을 사느라 허비한다."

자본주의 사회니 너무나 당연한 이야기다. 하지만 당연하다는 것이 당위성을 보장해주진 않는다.

쓰레기를 정리하는 손끝이 따끔거리는것 같다. 터덜터덜

---

* 한나 아렌트에 따르면 노동은 생명 유지의 필수 조건을 충족하기 위한 일이며 부단한 생산과 소비의 순환 과정에 종속되어 있다. 그러나 행위는 인간의 불멸성을 가능하게 하는, 이야기를 만들어내는 삶을 위한 일이다.

재활용품 수거장에 갔다가 돌아오는 길, 풍경은 그 잠깐 사이 달라져 있다. 좌탁은 그대로인데, 다리가 없다. 나무에 다리를 고정하는 철판까지 깨끗하게 떼어간 걸 보면 누군가 원하는 나무판에 다리를 달아 탁자로 만들려고 가져간 듯하다. 지난주 내가 구하지 못했던 의자와 달리, 내가 쓰던 탁자는 적어도 반은 구원받았다.

"고마워요, 낯선 사람. 당신 덕분에 지구가 탁자 다리 네 개만큼은 깨끗해졌어요!"

그렇게 기뻐하며 집으로 돌아왔다. 물론 그다음 날 스티커는 사와야 했다.

버리기 위해 만드는 성장 사회

　내 고향은 전국에서도 손꼽히게 더운 곳이다. 여름이 오면 으레 한두 번씩 전국 최고기온을 기록한 곳으로 뉴스에 이름을 올리곤 한다. 어린 시절 가뜩이나 더위에 약했던 나는 선풍기와 꺼끌꺼끌한 마 이불, 인견으로 된 잠옷으로 무장하고서도 잠을 설치기 일쑤였다. 쉬이 잠을 이루지 못한 채 멍하니 눈을 감고 있으면 붕붕 머리를 돌리던 선풍기가 틱, 타이머 끝나는 소리를 냈고, 다시 더운 공기가 뭉글뭉글 밀려들었다. 당시엔 선풍기를 켜놓고 자면 죽을 수도 있다는 괴담이 돌던 때라 선풍기를 다시 켤지 말지 고민하는 데 꽤 오랜 시간을 보내야 했다. 운이 좋으면 그러다 잠이 들었고, 운이 나쁘면 고민만 하다 아침을 맞았다. 고3 때였나, 마침내 에어컨이 집에 입성하기 전까진 여름마다 이런 일을 거듭했다.

그때 썼던 선풍기는 현재 엘지전자의 전신인 금성에서 만든 것이었다. 날개는 새파란 색이었고, 군데군데 녹이 슨 철제 프레임이 날개를 감쌌다. 프레임 중앙 은색 원판에는 왕관 모양에 '금성'이라는 글자가 합쳐진 빨간색 로고와 'GOLDSTAR'라는 글자가 인쇄되어 있었다. 플라스틱 몸체는 때가 탄 듯 누르스름했다. 부모님이 결혼한 첫 해에 마련한 거라 하셨으니 어쩌면 처음부터 그 누런색은 아니었을지도 모른다. 선풍기를 제어하는 영역은 검은색으로 따로 표시되어 있었다. 타이머와 회전을 제어하는 다이얼, 풍속에 따라 다른 색으로 표시된 버튼 다섯 개가 나란히 놓여 있었다. 기억이 맞다면 흰색, 미색, 주황색, 초록색, 파란색이었다.

그 선풍기는 당시에(그리고 지금도) 흔하게 팔리는 하얗고 매끈한 녀석과는 달랐다. 몸체는 퉁명스럽게 각이 졌고, 금속 재질 프레임과 다이얼, 버튼은 꼭 비행기 부품을 옮겨놓은 것 같았다. 110볼트용 전자제품이라 220볼트가 보편화된 후로는 항상 그 옆에 크고 무거운 변압기를 달고 다녀야 했다. 덕분에 비행사 기분을 내는 데 그보다 적합한 녀석은 없었다. 변압기를 의자 삼아 깔고 앉아 선풍기 앞에서 입을 벌리고 마구잡이로 버튼을 눌러대고 있으면 어른들이 와서 그러다 선풍기 망가진다며 등짝을 내리쳤다.

내가 태어난 뒤 거의 스무 번의 여름을 함께한 선풍기가 버려진 이유는 우습게도 고장이 아니라 아무리 닦아도 지워지지 않는 녹 때문이었다. 다른 선풍기 두 대는 10년을 못 넘기고 고장이 나 차례로 버려졌으나, 녀석은 결국 멀쩡한 상태로 버려졌다.

한번쯤은 할머니 할아버지로부터 그런 말을 들어본 적이 있을 것이다. 요즘 나오는 물건들은 너무 쉽게 망가진다고, 예전엔 몇 십 년을 써도 끄떡없었다고. 몇 년 전까지만 해도 나는 그 말이 단순한 과장이거나, 복잡한 기능이 추가되면서 생기는 불가피한 변화라고 생각해왔다. 하지만 세르주 라투슈의 책 《낭비 사회를 넘어서》에서 '진부화 계획'이라는 단어를 접하고는 자본가들이 물건의 수명을 일부러 짧게 만든다는 음모론 같은 얘기가 실은 엄연히 존재하는 전략임을 알게 되었다. 물건의 수명에 관한 어르신들의 '증언'은 사실이었다.

진부화 계획의 역사는 20세기 초까지 거슬러 올라간다. 헨리 포드는 당시 부자들의 값비싼 장난감에 지나지 않았던 자동차를 대중화하고 싶었다. 포드는 노동자들이 한 자리에서 함께 자동차를 조립하는 기존의 방식을 바꾸어, 컨베이어벨트 위로 제품이 움직이고 노동자들은 각각 자기 자리에서 정해진 일만 반복하는 포드 시스템을 도입했다. 이 방법은 대성공을 거두었다. 하루에 두세 대 만드는 게 고작이던 공장에서 한 시간에 150대를 생산할 수 있게 되었다. 생산량이 늘어나면서 가격은 처음의 3분의 1 수준으로 떨어졌다. 값싼 가격은 그만큼 많은 판매량을 보장했다. 헨리 포드의 성공에 고무된 자본가들은 너도나도 이

시스템을 도입하기 시작했다. 비교적 생산 공정이 간단했던 방적방직업이 먼저였고, 다른 산업도 곧 뒤를 따랐다. 이로써 대량생산 시대의 막이 열렸다.

필요한 사람에게 필요한 제품을 값싸게 제공할 수 있다는 점에서 대량생산은 해로울 것이 없다. 그러나 공급이 일정 수위에 오른 뒤부터는 얘기가 달라진다. 모두가 자동차를 가지게 되면 필연적으로 자동차 수요는 줄어든다. 어느 산업이라도 마찬가지다. 전쟁과 가난을 겪으면서 검소함을 학습해온 소비자들에게 여분의 구매는 필요치 않았다. 빠르게 생산된 제품들은 그만큼 빠른 속도로 창고에 쌓이게 되었다. 자본가들은 대량생산을 유지하기 위해서는 대량소비가 필수 조건이라는 사실을 깨달았다. 제품은 구입되고, 사용되고, 버려져야 한다. 사용하고 버리는 기간이 필요 이상으로 길어선 안 된다. 그 결과 계획적 진부화planned obsolescence라는 전략이 생겨났다.

계획적 진부화는 제품의 수명을 제한하기 위해 제품 설계 단계에서부터 의도적으로 제품에 결함을 삽입하거나, 내구성을 조절하는 방식을 뜻한다. 나일론이 대표적이다. 당시 나일론의 홍보 문구는 '거미줄보다 가늘고, 강철처럼 강하다'였다. 1939년 듀퐁 사에서 이 나일론으로 스타킹을 생산하자 선풍적인 인기를 끌었다. 쉽게 올이 풀리고 찢어지는 면 스타킹 대신 튼튼한 나일론 스타킹을 구입하려는 여성들이 상점마다 줄을 섰다고 한다. 요즘 판매되고 있는 스타킹이 얼마나 연약한지를 생각해보면 쉽게 받아들이기 힘든 이야기다. 그도 그럴 것이 지금의 스타킹은 초기 스타킹이 너무 튼튼해 매출이 줄어들자, 스타킹 제조사들이 생산 공정에서 자외선 차단 첨가물의 양을 조절해 나일론 강도를 일부러 약하게 만든 것이다. 그 결과 자동차를 끌 수 있을 정도로 튼튼했던 나일론 스타킹은 쉽게 올이 풀리고 구멍이 나 금세 새것을 구입해야 하는 품목으로 전락하고 말았다.

제품의 성질이 아니라 형태로 수명을 단축시키기도 한다. 일회용 면도기가 대표적이다. 대개 면도기는 쓰고 엎어서 놓는 형태로 디자인된다. 이렇게 보관하면 칼날이 수분과 닿아 날이 쉽게 상한다. 날이 하늘을 향하도록 디자인하면 되지 않을까. 그 사실을 모를 리 없는데도 제조사는 면도기 디자인을 개선하지 않는다. 일회용 면도기는 몇 번 쓴 뒤엔 버려져야 새로운 일회용 면도기를 팔 수 있기 때문이다. 면도기 회사의 계획적 진부화는 이뿐 아니다. 시간이 가면서 늘 새로운 제품을 내놓는다. 3중 면도날에서 4중, 5중 면도날이 나오고 면도날이 회전하면서 얼굴 굴곡을 따라 자연스럽게 밀착한다고 광고한다. 그러면서 면도기 스틱과 날을 결합하는 부분의 모양을 달리해 이전에 쓰던 스틱을 더 이상 쓸 수 없도록 만든다. 마모되지 않는 면도날을 개발해 특허를 소유한 기업이 생산을 포기했다는 전설 같은 이야기도 전해진다.

코지마 단노리트세르 감독의 2010년도 다큐멘터리 〈전구 음모이론The Light Bulb Conspiracy〉은 계획적 진부화가 어디서 시작되었고, 어떻게 발전해왔는지 담았다. 진부화 전략의 최초 희생자는 제목에서도 알 수 있듯이 '전구'다. 1924년 전구 제조사들은 2500시간이던 전구의 평균 수명을 천 시간 이내로 제한하기로 결의한다. 그들은 담합해 천 시간 이상 사용이 가능한 전구를 만드는 제조사에는 벌금을 물리고, 수명이 긴 전구 제작과 관련된 특허는 모두 매장한다. 이 전통은 현대의 전자 제품으로도 이어진다. 인쇄 매수가 만 8천 장이 되면 자동으로 동작을 멈추는 칩이 삽입된 프린터가 있다. 배터리 수명을 짧게 설계하고 배터리를 교환할 수도 없게 만든 MP3 플레이어도 있다. 진부화 대상은 세탁기, 텔레비전, 전자레인지, 자동차도 예외가 될 수 없다. 다큐멘터리는 아서 밀러의 1949년 작품 〈세일즈맨의 죽음〉에서 윌리 로먼의 대사를 인용한다. 로먼은 계속 고장 나는 자동차, 냉장고에 분개하며 투덜거린다.

"할부금을 다 치르고 나면 못 쓰게 돼. 그놈들은 시간을 계산해서 전액 지불 시엔 쓸 수 없도록 시간 제한을 걸어놓은 게 틀림없어."

과대망상 같지만 그 주장은 사실이다. 마땅히 고장이 나도록 설계된 제품. 우리는 시한폭탄을 품은 제품에 둘러싸여 있다.

세르주 라투슈는 계획된 진부화 외에도 진부화 전략을 두 가지 더 언급한다. 바로 심리적 진부화와 기술적 진부화다.

심리적 진부화의 무기는 광고다. 세상은 이미 광고에

점령당했다. TV, 신문은 말할 것도 없고, 극장에 앉아 있는 시간의 10분의 1가량을 차지하는 것도 광고다. 인터넷의 검색 결과 중 반 이상이 광고이며, 드라마의 등장인물들은 매일 같은 곳에서만 식사를 하고, 극의 맥락과 상관없이 화면에 상표가 드러나는 물건의 장점을 설명한다. 광고는 이제 페이스북과 트위터 타임라인까지 차지했다. 광고는 어느 날엔 반짝이는 꽃무늬가 그려진 화려한 냉장고를 보여주며 우리가 가진 하얀색 냉장고는 한물갔다고 얘기할 것이다. 광고는 반복되고, 광고에 노출될수록 우리는 점점 꽃무늬에 마음을 빼앗긴다. 하지만 (우리에게는 신용카드라는 만능 전당포가 있으니까) 무리해서 반짝이는 냉장고를 구입하고 나면, 얼마 지나지 않아 은색의 매끈한 냉장고가 새로운 유행으로 광고판을 점령한다. 그러면 우리는 냉장고의 꽃무늬가 유치해 보인다고 생각하게 된다. 자동차나 자전거, 매주 새로운 제품이 등장하는 SPA 브랜드 옷도 마찬가지다. 광고는 자신의 주장을 끊임없이 반복하면서 우리를 설득 혹은 세뇌한다. 근거가 타당한지는 중요하지 않다. 광고의 목적은 사람들로 하여금 자신이 소유한 것에 불만족하게 만드는 것이다. 불만족은 새로운 구매로 이어지기 때문이다.

　　기술적 진부화란 기술적인 발전으로 기존에 있던 것을 구식으로 만드는 것이다. 흑백 TV가 컬러 TV로 바뀌고, 음원을 담는 매개가 LP에서 카세트테이프, CD, 디지털 음원으로 옮겨가는 것을 예로 들 수 있다. 주관적인 기준에 기대는 심리적 진부화와는 달리 기술적 진부화는 명확한 근거를 제공하므로 정직한 수단처럼 보인다. 하지만 현대에 와서 두 가지 전략이 손을 잡으면서 기술의 진보는 심리적 진부화의 옹호 수단이 된다.

얼마 전 구입한 컴퓨터는 전원 버튼을 누르고 바탕 화면이 나타나기까지 10초쯤 걸린다. 그런데 몇 개월 지나지 않아 부팅 속도가 3, 4초에 지나지 않는다는 컴퓨터가 등장한다. 광고는 이것이 진정한 혁신이라고 부르짖는다. 대부분 단 몇 초가 여섯 자리가 넘는 돈을 투자할 만큼 가치 있다고는 생각지 않을 것이다. 그러나 광고는 끊임없이 그 차이를 이야기한다. 새로운 컴퓨터를 사든 사지 않든 불과 몇 달 전 산 컴퓨터가 구식이라는 생각을 떨칠 수 없게 된다.

특정한 기능을 강조하는 방법도 있다. 몇 년 전까지만 해도 운동화는 자유롭게 움직이기에 최적화되어 걷거나 뛰거나 발을 편하게 해주었다. 그러나 러닝용, 워킹용이 '당연히' 구분되어 나오는 요즘, 예전의 운동화는 덜 과학적이고 덜 인체공학적이라는 평가를 받는다. 상점에서는 아예 둘을 구분해서 진열한다. 산책과 조깅을 즐기는 사람이라면 이제 산책용 운동화와 조깅용 운동화, 따로따로 한 켤레씩 구입해야만 할 것이다. '이걸 신지 않으면 다쳐', '이걸 신으면 더 빨라져' 하는 광고의 유혹에서 벗어나기 어렵다. 그리하여 우리는 운동화에 두 배의 비용을 지불하게 되고, 기업은 예전보다 두 배 많은 상품을 판매한다. 신발장은 더 좁아지고, 가지고 있던

신발은 버려진다. 바람막이, 방수용, 보온용으로 세분화되는 아웃도어 의류. 언젠가부터 생선용, 육류용, 채소용을 분리해 쓰라고 권장되는 도마와 칼. 얼굴과 눈가, 목, 손, 발, 바르는 부위에 따라 특화된 화장품도 그것이 유용하든 무용하든 기술적 진부화의 결과물이라는 혐의는 피할 수 없다.

오늘날 물건의 가치는 휘발성을 띤다. 옷가지는 짧은 유행이 지나면 헌 옷 수거함으로 직행하고, 비교적 고가품인 휴대폰도 2년을 채우지 못하고 새것으로 교체된다. 더 좋은 물건은 계속해서 나오고 대체될 수 없는 것이란 존재하지 않는다. 가구에 문제가 생기면 고치기보다는 새것을 구입한다. 새로 사는 것은 어렵지 않은 일이다. 아니 오히려 수리하거나 직접 만드는 것보다 훨씬 싸다.

값싼 가격표는 자본가들의 또 다른 전략이다. 가격을 낮추기 위해 생산지를 저임금 국가로 옮긴다. 노동자를 보호하는 데 써야 마땅할 비용은 은근슬쩍 사라진다. 유통과 광고에 더 많은 자본을 투자하는 대신 소비자의 등 뒤에서 원료를 더 싼 것으로 대체한다. 이 과정에서 자연은 난도질당하고 자원은 낭비된다. 거대 자본보다 가격을 낮출 수 없는 작은 가게들은 하나둘 사라진다. 정당한 대우를 받지 못해 맞서 싸우던 사람들도 자본의 힘에 지고 만다. 남는 것은 매수된 가짜 경험과 많은 물건, 지나치게 많은 물건뿐이다.

이익을 내기 위해서는 소요된 비용 이상을 청구하는 것이 당연하다. 문제는 그 값을 치르는 대상이 소비자에 국한되지 않는다는 점이다. 우리가 보는 가격표에는 다른 이들이 대신 지불한 비용 혹은 착취당한 비용이 숨어 있다. 이 비용을 치르는 이들에는 어린이를 포함한 제3세계 노동자, 소상공인, 환경 그리고 아이러니하게도 우리 자신이 함께 들어 있다. 반값짜리 가격표는 그렇게 만들어진다. '착한' 가격은 착하지 않다.

유튜브에서 어떤 실험 영상을 본 적이 있다. 하얀 종이 위를 개미가 제멋대로 돌아다닌다. 실험자가 볼펜으로 개미 주변에 원을 그리자 개미는 혼란스러워하며 원 안을 맴돈다. 실험자가 그 원 안에 점점 더 작은 원을 그릴 때마다 개미가 움직일 수 있는 공간은 줄어든다. 이 영상의 말미에 개미는 결국 제 몸의 몇 배밖에 안 되는 공간에 갇혀 제자리를 빙글빙글 돈다.

우리 대부분도 원 안에 갇힌 개미와 다르지 않다. 끊임없이 생산하고 성장해야만 한다는 사회의 강박이 노동으로, 소비로, 성장주의로, 우리의 삶에 선을 긋는다. 그 안에서 선택할 수 있는 길은 소비자가 되는 것뿐이다. 선 밖에 다른 삶의 방식이 있다는 것은 알지만 그 선을 넘기란 쉽지 않다. 그렇게 우리의 삶은 만들기와 분리되어 소비에 갇혀버렸다.

삶에서 멀어진 배움

최근 스웨덴 가구 브랜드 이케아가 우리나라에도 상륙했다.
국내 가구업계를 초토화할 것이라는 업자들의 비관적인
전망부터, 싼값에 질 좋은 가구를 구매할 기회라는 소비자들의
환성까지 다양한 목소리가 터져 나왔다. 이케아가 국내에
입성하고 얼마 지나지 않아 방영된 어느 시사프로그램이
흥미로웠다. 이케아 제품은 완제품이 아니라 창고형 매장에서
사다가 소비자가 직접 조립해 완성해야 하는 반제품이다. 물론
비용을 지불하면 조립 서비스를 받을 수도 있지만 난이도에 따라
인건비가 달라지기 때문에 값이 싼 의자를 완제품으로 산다면
제품 값보다 조립 비용이 더 드는 경우도 발생한다고 한다. 이
방송에서는 가구 전문가와 일반인이 똑같은 이케아 제품을 각자
조립하는 과정을 비교해서 보여주었다. 가구 전문가는 제품에

동봉된 설명서만 보고도 쉽게 조립을 끝냈다. 반면 일반 소비자는 구조가 비교적 간단한 의자 조립엔 성공했지만, 과정이 복잡하고 부품이 많은 책꽂이나 서랍장을 조립하면서는 애를 먹었다. 못 역할을 하는 나무 심지를 박다가 부러뜨리고, 순서를 헷갈리는 바람에 한참 조립한 서랍장을 다시 분해하다가 결국 포기하고 말았다. 이 프로그램 진행자는 짐짓 '중립적인' 견해로 어릴 때부터 목공을 배워온 유럽과 달리 우리나라에서는 그런 경험이 드물기 때문에 단지 값이 싸다는 이유로 이런 반제품 형태의 가구가 무조건 호응을 얻을지는 의문이라는 의견을 내놓았다.

어릴 적부터 목공을 경험한다? 이케아의 나라 스웨덴과 이웃해 있는 핀란드에서 지냈던 경험을 떠올려본다. 과거 핀란드는 스웨덴의 통치를 받기 전까지 독자적인 정치 공동체를 이루지 않고 숲속에서 드문드문 모여 살았다고 한다. 따라서 직접 만들어 쓰는 일들을 보다 작은 단위의 공동체 안에서 해결해야 했을 것이다. 현대에 와서도 핀란드인들의 손은 여전히 분주하다. 그들은 1년 중 많은 시간을 해가 긴 여름을 나기 위한 안락한 여름 별장을 꾸리고, 어둡고 추운 겨울을 건강하게 보낼 사우나를 정비하며 보낸다.

겨울이 길어 실내에서 지내는 시간이 많기도 하고 침엽수림이 지천에 널린 환경에서 목공은 일상이 되었고, 가족 중 누군가가 작업하는 모습에도 익숙하다 보니 매일 사용하는 가구를 고르는 안목과 정성도 남다르다. 만드는 수고를 잘 알기에 사람이 직접 시간과 공을 들이는 일에는 품삯을 깎지 않고 정당한 대가를 지불한다는 인식이 일반적이다. 스스로 만들어 쓰고 고쳐 쓰는 일도 흔하다. 이렇듯 공예가 너무나도 자연스러울 수밖에 없는 생활양식을 토대로 공예 교육 또한 발전을 거듭해왔다.

핀란드에 거주할 때, 핀란드의 예술 교육 정책 현장을 견학하고자 한국에서 온 장학사들을 도우러 헬싱키와 근교의 몇몇 초등학교를 방문한 적이 있다. 핀란드 학교들은 도심에 가까이 있어도 대개 숲과 함께 어우러져 있다. 학교마다 마련된 공작실은 우리나라 대학 시설 못지않은 수준으로, 목공용 테이블과 기계, 수공구를 갖추었다. 가마 같은 도예 시설 또한 두루 마련되어 있다. 공예를 가르치는 정식 교사 외에도 '테크니션 마스터'가 있어서 아이들의 만들기 교육을 지도하고 보조한다.

만들기를 비롯한 실기 과목을 다른 과목과 똑같이 중요한 비중으로 두고 교과 시간을 편성한다. 공작은 단발적 체험이 목적이 아니다. 양질의 실습 도구와 재료로 실생활에 직접 쓸 결과물을 만든다. 이 과정에서 직접 만들어 쓰고 고쳐 쓰는 습관이 자연스럽게 몸에 익는다. 초등 교육시설이 이럴진대, 대학에 워크숍을 제대로 갖추어놓는 것은 특별한 일도 아니다. 어느 나라에서 어떤 교육이 필요하다고 판단하느냐에 따라 이렇게 다른 이정표가 만들어진다.

최근 들어 세계적인 메이커 운동 Maker Movement 붐이 일자

핀란드에도 일반 시민들이 무료로 사용할 수 있도록 3D프린터가 동네 도서관마다 보급되었다고 한다. 도서관은 사람이 오든 안 오든 사회적 자본으로 운영되는 공공시설이다. 실적을 위해 새로운 정부 산하기관을 만들고 얼마나 많은 사람이 이용했는지로 점수를 매기는 우리나라와는 질적으로 접근 방식이 다르다.

우리가 배운 만들기 관련 수업은 어땠는가. 초등학교에 들어가기 전에는 만들고 그리는 활동을 참 많이도 했다. 그러나 제도권 교육에 들어가면서부터 분위기가 달라진다. 이전까지 즐거운 놀이였던 만들기가 대한민국 청소년이라면 마땅히 알아야 할 잘 짜인 교육의 울타리 안에 들어간다. 평가 방식도 이론을 암기해 시험을 치르는 경우가 많았다. 예를 들어 초등학교 고학년 교과목 중에 실과(實科)가 있다. 이름처럼 '실제로 소용되는 것을 주로 한 교과목'이다. 그런데 우리는 어슷썰기, 깍둑썰기 등 식재료 써는 방법의 명칭과 특징을 책 속의 글로 배웠다. 구체적으로 가로세로 몇 센티미터로 잘라야 하는지를 암기했다.

학교 교육에서 만들기는 실기보다는 이론에 치우치기는 했으나 요리나 재봉, 간단한 공구 다루기와 같이 나름대로 일상생활에 필요한 기술들을 다루어왔고, 요즘은 시대 변화에 맞추어 컴퓨터 활용과 전자회로 꾸미기 같은 종목도 포함한다. 어쨌든 삶과 관련된 다양한 일들을 처리하는 기능 교과목에 가깝기는 하다. 그러나 그마저도 고등학교 진학과 동시에 실습 위주 과목들은 축소된다. 수능 시험에 들어가지 않는 과목이므로 수업 시간은 자연스레 자습 시간으로 대체된다. 몸을 쓰고 무언가를 만드는 과정은 점차 사라진다. 나이가 들수록 만들기에 대한 그리움이 생기는 이유는 이렇듯 학창 시절에 만들기를 대부분 글로 배운 시대, 더 '중요한' 다른 무언가에게 늘 뒤로 밀리는 시간이라고 여기게 된 부재감에서 비롯한 것 같기도 하다. 어린아이 때는 무엇이든, 심지어 먹는 음식이나 재료도 만져보고 아무것이라도 만들어보라고 강조하지만 그런 경험은 학습 단계가 올라갈수록 뒷전이 된다.

만들기에 대한 그리움을 더하는 것 중에는 기성품처럼 급하게 대충 찍어낸 듯한 수업용 교구의 기억도 있다. 실과 수업을 위해 학교 앞 문방구에서 구매해야 했던 국기함 만들기 교구는 재단도 부정확하고 표면도 거칠어 튀어나온 나뭇가시가 손바닥에 박히기 일쑤였다. 그리고 그것은 내가 처음 경험한 목공 재료에 대한 강한 첫인상이 되었다. 그때의 어설픈 경험이 '언젠가는 제대로 목공을 해보고 싶다'는 '장인의 본능'을 자극해 더 나은 재료와 공구가 주어진 지금 더 큰 만족과 성취를 선사하는 것은 아닐까 하는 생각이 들 때도 있다. 그러나 대개는 성인이 된 후에도 만들기에 친화적이지 못한 주거 환경이나 노동 환경 탓에 '만들기는 어렵다'라는 생각을 키우게 마련이다.

우리 교육의 문제라면 누구나 알듯이 다음 학교로, 그중에서도 더 좋은 학교로 가는 데 치중된 교육이라는 점이다.

한 사람의 일생에는 대체할 수 없는 순간들이 생기게 마련이다. 그 날 우리가 만나지 않았더라도 혹은 그런 이야기를 나누지 않았더라도, 지금 내가 여기 이 순간에 닿아 있을까? 라고 돌아봤을 때, '분명 그렇지 않을거야' 라고 생각하게 되는 그런 순간 말이다.
2년 전 가을, 우린 그 순간들을 통과했고 지금 여기 닿아 있다.

이 기준에서 보면 입시와 먼 과목들은 다 '잉여'가 된다.

이런 환경에서 손노동은 어디까지나 삶의 진지한 경험이 아니라 '체험' 또는 '취미' 영역에 머문다. 〈공부 상처〉라는 EBS 다큐멘터리에서 본 학생들은 우리나라는 학벌 사회니까 나중에 잘살려면 대학에 가야 하고, 그래서 공부를 해야 하는 것이라고 수긍하고 있었다. 이 방송에서 어느 고등학생이 이렇게 말했다.

"(내신등급은 등수에 따라 매겨지기 때문에) '저 친구들만 없으면 더 잘 나올 텐데……' 하는 생각도 솔직히 들어요."

이 다큐멘터리에 등장한 성적이 매우 상위급인 어떤 아이는 미술을 좋아하지만 공부에 방해가 될까 봐 부모가 미술을 못 하게 해서 마음에 병이 들었다. 경쟁의 두려움 때문에 공부를 못하는 아이든 잘하는 아이든 불안하다.

릴리쿰 주변에도 종종 만들기의 문을 두드리는 청소년이나 어린이들이 있다. 그런데 부모들은 그 시간, 그 경험이 좋은 대학을 가는 데 도움을 줄 스펙 중 하나가 되길 바랄 뿐, 아이가 온 인생을 걸고 그 길에 들어서거나 자기 시간의 많은 부분을 투입하기를 바라지 않는다. 혹은 성적이 좋지 않아 세부 전공을 정해 특성화고에 진학한다면 그것으로 안정된 직업이 되기를 바란다. 삶의 일부로서, 즐거움을 주는 행위로서 만들기를 누릴 시간을 인정하지 않는다. 삶에서 아예 배제하거나, 삶의 전부로 만들기를 바란다. 부모들이라고 올바른 교육이 무엇인지 모르는 것은 아닐 테다. '대한민국 교육 제도가 변하지 않는 한'이라고 전제를 달며, 자녀가 험난한 경쟁 사회에서 낙오되지 않고 소득과 지위를 보장해주는 안정적인 직장을 얻어 보신하기를 바랄 뿐이다.

현대 사회에서는 유년기부터 노년에 이르기까지 누구나 평생에 걸쳐 교육을 받는다. 이를 평생교육이라 한다. 대학 내 평생교육원들로 익숙한 이 교육 이념은 사실 한 개인의 인격적 성숙을 도모하는 것과 함께 변화하는 시대에 적응할 수 있도록 전 생애에 걸쳐 배움의 기회를 제공한다는 철학이다. 배움의 기회가 한 사람의 삶에서 언제든, 어디서든, 어떤 방법으로든 이루어질 수 있다는 신념을 바탕에 둔다. 그러나 우리 사회는 배움 자체를 학교라는 기능에 대부분 의존하고 있고 그 학교 교육은 여전히 성적이라는 성과 위주에 머물러 있다.

얼마 전 오랜만에 네덜란드에 사는 지인과 대화하다가 근황을 물었더니 요즘 '생존 수영'을 배우고 있다고 했다.

"생존 수영이라고요?"

용어부터 낯설었던지라 눈을 동그랗게 뜨고 우리가 알고 있는 수영과 무엇이 다르냐고 물었다. 지인은 그냥 바다에 나가서 수영할 수 있는 정도의 실력을 기르는 것이라고 했다. 순간 나는 학창 시절 체육 시간에 배웠던 수영이 떠올랐다. 자유형, 배영, 평영, 접영, 순서대로 다양한 영법의 동작을 삽화와 함께 참 자세히도 배웠다. 문제는 실내 수영장도 아닌 그냥 실내, 교실에서 글로 배웠다는 점이다. 시험을 치르기 위함이거나 누군가에게 평가 받기 위한 배움이 아닌, 정말 일상과 가까운 배움을 우리 사회와 공교육에서 기대할 수는 없는 것일까? 나도 자신 있게 튜브 없이 어디서든 첨벙 뛰어들고 싶다.

3 왜 다시 만들기의 시대인가

저항하는 사람들

함석헌 선생이 '저항의 철학'에서 말했듯 인간은 저항하며,
저항하는 것이 곧 인간이다. 돌연변이가 유전적 변이를 축적해
진화의 가능성을 높이듯이 일반적인 소비 패턴에 저항하는
사람들이 새로운 소비 흐름을 만들고 있다.

최근 남다른 운영 철학으로 주목받는 음식점들을 살펴보면
면면이 다양하다. 저마다 특이한 배경을 가진 사람들이
요일별로 돌아가면서 맡아 여는 식당, 정오쯤이면 그날 만든
하루치를 다 팔고 문 닫는 빵집, 놀러 간 친구네 집처럼 분위기가
아기자기하고 따뜻한 작은 카페, 소신 있는 원 테이블 레스토랑.
이런 곳은 대개 좌석 수가 적어 예약해야만 갈 수 있다거나 특정
시간에만 찾아가야 한다는 번거로움이 있지만, 사람들은 그런
수고를 마다하지 않는다. 더욱이 웬만한 식당이나 빵집에 비해서

더 많은 돈을 지불해야 한다. 그럼에도 사람들은 시간과 돈을 좀 더 들이더라도 신뢰할 만한 양질의 재료로 만든 더 나은 맛, 조금 더 개인에게 초점을 맞춘 서비스를 누리겠다고 선택한다. SNS의 영향도 있을 테다. 사람들은 남들과 다른 음식을 남들과 다른 장소에서, 그러니까 남다른 시간을 보냈다는 증거를 남기고 싶어 한다. 특별한 에피소드가 추가되지 않는 한, 우리의 타임라인에 매일 이용하는 프랜차이즈 음식점 사진이 끼어들 자리는 없다.

'작은 사치'의 대상은 먹거리에 한정되지 않는다. 불황이 아닌 때가 언제 있었나 싶을 만큼 경기 침체가 길어지면서 서민들의 닫힌 지갑을 여는 것은 주로 저가 상품이다. 글로벌 SPA 브랜드, '천 원 숍' 같은 저가 생활소품 가게, 저가 화장품 브랜드가 호황을 누린다. 요즘 세대는 일상생활에 필요한 소비의 시선을 가진 돈에 맞춰 낮은 가격대로 돌린다. 실속 있고 적당한 품질의 물건을 찾아 소비 생활을 이어간다. 그러면서도 취향에 맞다면 고가의 디자이너 브랜드 시계를 구매하거나 한정판 스니커즈를 수집하기도 한다. 한 달에 한 번 네일아트숍을 방문해 유행하는 색과 스타일로 손톱 정리 서비스를 받고, 소문난 디저트 카페를 섭렵하며 한 달 식비보다 많은 돈을 지출하기도 한다. 집과 차를 소유하기 위해 한 푼 두 푼 모으느라 일상의 소소한 소비를 보류하지 않는다. 과하지 않은 가격이라면, 이왕이면 내게 조금 더 특별한 물건을 사고 즐거운 경험을 누리는 비용을 기꺼이 지불할 용의가 있다.

소비를 결정할 때 정보는 새롭게 주어진 무기다. 상품 뒤에 감춰진 이야기가 무엇인지 파악하기 위해 사람들은 이제 화장품이나 음식의 성분표를 읽는다. 그간 사용자들의 무지를 빌미로 기업들이 써온 꼼수가 하나둘 청문회 자리에 오른다. 꼬리에 꼬리를 물고 계속되는 싸움 같다. 무엇을 넣었는지를 숨기려고 하면 전체 성분을 모두 표시하도록 만들고, 어려운 이름 뒤에 교묘히 숨겨둔 성분은 인터넷 검색으로 찾아낸다. 근거가 모호한 1회 제공량을 기준으로 눈속임한 영양 정보는 실질적인 섭취량을 기준으로 변경하도록 요구한다.

소비에서 얻는 만족의 범주를 개인의 삶에 한정하지 않고, 더 확대하는 사람들도 있다. 반값짜리 가격표 뒤에 숨겨진 착취를 직시하고, 올바른 소비로 그런 현실을 바꾸고자 하는 이들이다. 대표적으로는 공정무역 운동을 들 수 있다. 수공예품과 커피, 코코아, 차, 바나나, 꿀, 면, 와인, 과일……, 저개발국에서 선진국으로 수출되는 품목이 주 대상이 된다. 조금 더 비싼 가격을 감수하면서 공정무역 상품을 구매하는 사람들은 자신의 구매 행위가 노동자들에게 적절한 임금을 보장하고, 사회적으로나 환경적으로나 올바른 변화를 이끌어낸다는 데 가치를 둔다. 이런 '윤리적 소비'는 농산물을 구입할 때 농가와 직거래를 하거나 협동조합을 이용하거나, 비영리단체에서 운영하는 가게에서 물건을 사는 방식으로도 나타난다. 단순히 어디에서 사는가를 결정하는 데서 그치지

않는다. 디톡스캣워크*처럼 환경 감시 운동 보고서를 찾아 읽고
비윤리적인 기업 제품은 불매 운동에 나서며 적극적인 행동으로
드러내기도 한다.

불평등의 정도가 세계에서도 높은 편인 중남미에서 의미
있는 소비자의 사회 참여가 눈에 띈다. 특히 이 지역에서
벌어지는 사회 참여 운동은 지난 10여 년간 빈곤에서 '먼저'
탈출한 중산층이 변화를 위한 다양한 시도를 주도하고 있다는
점이 특징이다. 이들은 자신들은 부유해지고 있음에도 여전히
사회적인 불평등이 남아 있고, 그 탓에 많은 문제가 생겨난다는
점을 직시한다. 그리고 자신이 새롭게 거머쥔 권력을 사회문제를
바꾸는 데 활용하고자 한다.

'내 집을 네 집처럼 생각해Mi casa es tu casa'라는 운동이 있다.
사회적 문제를 개선하는 데 기여하는 브랜드를 열정적으로
지지하는 운동이다. 아르헨티나 부에노스아이레스의 유서 깊은
레스토랑 라 파브리카 델 타코La Fabrica del Taco를 비롯한 많은
식당이 이 운동에 동참했다. 이들은 '당신이 먹으면 그들도
먹습니다'라는 캠페인을 벌인다. 손님이 포장 음식을 주문하면
만든 음식의 일부를 지역 노숙자 지원 단체에 기부하는 방식이다.

---

* Detox Catwalk. 디톡스캣워크는 의류를 생산할 때 배출하는 독성 물질을 줄이려는
목적에서, 어느 의류업체에서 얼마나 많은 유해 화학물질을 사용하는지 폭로하는 그린피스의
캠페인이다. 이 캠페인을 벌인 결과 아디다스, H&M, 리바이스, 버벌, 베네통 같은 굴지의
의류 업체들이 옷을 생산하고 방류하는 산업용수나 옷 자체에 남아 있는 화학물질을
줄이겠다고 약속하는 결실을 얻었다.

그리고 주문할 때 '사치스페이토 Satisfeito ('만족스럽다'라는 뜻)'를 고르면 기본보다 3분의 1 적은 양을 손님에게 내주고, 줄어든 양만큼에 해당하는 돈을 영양실조 아동을 돕는 단체에 기부하는 방식도 있다.

이 운동을 주도하는 이들은 '내 집을 네 집처럼 생각해', 즉 손님을 초대해 대접할 때 일상에서 쓰는 말로 자신들의 행동을 명명했다. 이 운동의 혜택을 보는 이들을 자신보다 아래에 있는 존재가 아니라 자신과 동등한 이웃으로 바라보고 있다는 뜻이다. 이들에게 빈곤과 불평등은 공동체 전체의 문제다. 더 비싸더라도 사회적 환원을 하는 회사의 제품이나 서비스를 구매할 의사가 있다고 밝힌 북미, 유럽 소비자가 33퍼센트에 그친 데 비해 중남미 소비자는 49퍼센트에 달한다는 조사 결과는 이 운동의 영향력이 얼마나 큰지를 짐작케 한다.

재미있는 건 이런 트렌드를 형성하는 데 도움이 된 것이 인터넷이라는 점이다. 자본가들의 훌륭한 광고 도구로 쓰였던 인터넷은 우리의 손 위에서 이런 운동을 벌이는 데도 같은 능력을 발휘한다. 우리는 인터넷, 특히 소셜미디어로 우리가 직접 접하지 못하는 불평등과 그에 따른 문제의 현장을 모니터로 목격한다. 이런 정보들 또한 광고만큼이나 쉽게 전달되기 때문에 모르고 지나치기 어렵다. 소셜미디어는 누구에게나 자기 입장을 표명하는 창구가 된다.

소셜미디어를 과시욕과 허위, 경솔하게 흘린 개인정보가

굴러다니는 공간으로 보는 시각이 많다. 전혀 틀린 말은 아니다.
그러나 개개인의 타임라인에 과장과 나르시시즘이 섞여 있든
그렇지 않든, 사람들이 소셜미디어에 드러내기로 결정한 것은
스스로 엄선한 것이므로 한 사람의 타임라인은 그가 추구하는
삶의 방향을 나타낸다. 소셜미디어를 '인생의 낭비'가 아니라
개개인의 가치관과 개성, 탁월함을 드러내는 공간이라고 보면 그
'과시'는 결국 개개인이 던지는 삶에 대한 발언이 되는 셈이다.
고대 그리스 시절에라면 소셜미디어 대신 폴리스^{Polis}라고
불렸을지도 모를 일이다.

비트로 이루어진 폴리스에서 우리는 침묵하거나, 발언할
기회를 가진다. 발언은 타인의 의견에 '좋아요' 버튼을 누르거나
짧은 코멘트를 남기거나 공유하기를 누르는 것처럼 간단한 일일
수도 있고, 스스로 긴 글을 작성하는 방식이 될 수도 있다. 어떤
꼴이든 발언은 연결망 안에서 확산되고, 또 다른 이의 공감과
공동 행동을 이끌어낸다.

그런 움직임이 언제까지고 견고할 것만 같은 사회 구조에
미세한 틈을 만들어낸다. 브랜드 이름이 박힌 공장형 제품에
절대적인 신뢰를 보내던 이전과는 달리 장인의 손을 거친
핸드메이드 제품의 가치가 재조명되고 있다. 로컬 푸드에 관심이
올라가 농작물의 산지 직송 서비스들이 활발해졌다. 협동조합
설립이 쉬워졌고, 경제성을 이유로 아동 노동력을 착취하거나
환경오염을 일으키던 기업에게서 개선하겠다는 약속을

받아내기도 했다.

그렇다면 올바른 소비 덕에 세계는 이제 바른 방향으로 변해가고 있는가. 베를린에서 인권 컨설턴트로 활동하는 마이클 홉스는 '윤리적 구매라는 신화The Myth of the Ethical Shopper'라는 글에서 그런 믿음은 너무 순진한 것이며 '그러한 내러티브는 헛소리bullshit'라고 지적했다. 사람들이 올바른 구매를 함으로써 노동력 착취나 미성년자 노동을 막으려 하지만, 그것은 지금의 세계가 운영되는 방식이 아니라는 것이다. 그는 윤리적 소비와 소비자 행동이 대기업들로 하여금 자신들의 상품을 하청 제작하는 사람들의 노동 문제와 함께 보건, 안전, 환경까지도 돌아보게 만든 것은 인정한다. 그러나 여론을 크게 신경 쓰지 않는 중소 규모의 회사들은 여전히 그런 문제가 남아 있거나 문제가 더 심각한 환경의 공장을 운영하고 있으며, 현지 공장들 역시 이제는 감사관과 환경단체의 눈을 피하는 법을 익혀 대응하기 때문에 소비자 운동은 무용하며 오히려 정확한 변화를 방해한다는 논리다. 홉스는 변화를 일으키려면 소비자 운동이 아니라 고소 메커니즘이나 공식화된 노동 계약이 필요하다고 주장하면서 글을 맺는다.

정책적인 뒷받침이 필요하다는 점에는 동의하지만, 홉스가 헛소리라고 말하는 것처럼 소비자 운동이 쓸모없다고 단언할 수 있을까. 그의 글이 발표된 뒤 여러 사람들의 반박이 뒤를 이었다.* 홉스는 그가 필요하다고 말하는 정책이 어떤 단계를

거쳐 만들어지는지는 고려하지 않은 듯하다. 변화를 위한 정책을
세우고 또 지속하기 위해서는 그보다 많은 사람의 지지와 관심,
참여 역시 필요하기 때문이다. 사람들이 소비자 운동을 한다는
것은 생산 과정에 따르는 문제점들을 대하는 자신의 입장을
취했다는 뜻이다. 그러한 입장이 단지 어떠어떠한 상품을
구매하지 않는 데서 그칠 수도 있고, 더 나아가 지속적인 관심을
가지고 다양한 방식으로 자신의 뜻을 표현하는 것으로 발전할
수도 있다. 이러한 움직임들이 결국 마이클 홉스가 바란 변화를
이끌어내는 요소가 될 것이다.

'어떻게 소비할 것인가'라는 질문에 윤리적 소비는 훌륭한
답이 될 수 있다. 우리 삶을 둘러싸고 그어진 선 너머에 무엇이
있는지를 살피고, 결국 그 선을 지워낼 수 있는 방법이기도 하다.
하지만 선을 지운 뒤 거대한 원에 다시 한 번 가로막힐 때, 우리는
또 다른 질문을 마주하게 된다.

'우리는 소비해야 하는가.'

자본주의 시스템에서 소비는 당연하게 여겨져왔지만,
역으로 생각하면 자본주의 사회가 도래하기 전까지 소비는

---

*   해리엇 램(인터내셔널앨러트 CEO), 〈형세 바꾸기—소비자 행동은 어떻게 정부의
변화를 이끌어내는가(Tipping the Balance—How Consumer Action Creates Conditions for
Governments to Change)〉, 나탈리 그릴리언(JUST 공동 창립자), 〈윤리적 소비자—우리는 신화가
아니다(Ethical Shoppers—We're Not a Myth)〉, 리 와이즈, 〈'윤리적 구매라는 신화'에 답하며(In
Response to 'The Myth of the Ethical Shopper')〉

선택이었다는 뜻이다. 이와 같이 모두에게 던져진 질문의 답을 소비의 바깥에서 찾아낸 사람들이 있다.

바로 '만드는 사람들^{Makers}'이다.

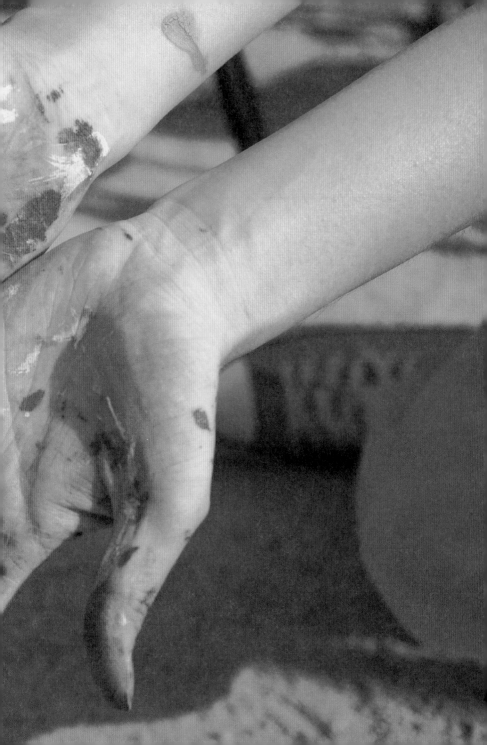

만드는 사람들

앞에서 소개한 코지마 단노리트세르 감독의 다큐멘터리 〈전구 음모이론〉은 고장 난 프린터를 고쳐보려 했던 한 남자 이야기로 시작한다. 스페인 바르셀로나에 사는 마르코스다. 그는 돌연 고장이 나버린 프린터를 고치려고 판매처 여러 군데를 돌아다닌다. 그러나 그에게 돌아오는 대답은 한결같다.

'고치는 것보다 새로 사는 게 더 싸다.'

마르코스는 그런 대답에 수긍할 수 없었다. 직접 고쳐보리라 마음먹은 그는 인터넷으로 프린터 수리법을 조사하고, 프린터의 두뇌에 정해진 횟수만큼 출력한 뒤에는 시한폭탄처럼 프린터를 멈추게 하는 칩이 장착되어 있다는 사실을 알게 된다. 평범한 사람이 계획적 진부화라는 거대한 음모의 실체를 실제로 맞닥뜨리는 순간이다. 다큐멘터리 말미에 마르코스는 결국 프린터 수리에 성공한다. '시한폭탄 칩'을 무력화하는 소프트웨어를 무료로 제공하는 러시아 웹사이트 덕분이었다. 이 소프트웨어를 개발한 프로그래머는 웹사이트에 올린 동영상에서 사용 제한을 걸어 제품을 의도적으로 고장 내는 것은 최악의 비즈니스 모델이며, 환경에 치명적인 결과를 가져온다고 비판한다. 그리고 이런 음모에 반대하기 때문에 소프트웨어를 개발했다고 설명한다.

또 다른 사람이 있다. 에블링 그룹의 창립자, 믹 에블링이다. 그는 어느 날 유명 그래피티 아티스트였던 템트원^{Tempt1} (본명 토니 콴)이 루게릭병으로 몇 년 째 눈 외에는 아무것도 움직이지 못하고 있다는 소식을 듣는다. 도울 일이 없을까 하고 방문한 에블링에게 템트원의 가족들은 템트원이 다시 의사소통과 작품 활동을 할 수 있도록 도와달라고 요청했고, 에블링은 덜컥 승낙을 해버린다. 그는 약속을 지키기 위해 조사를 시작한다. 그리고 곧 루게릭병 환자를 위한 의학보조장치 가격은 '아이언맨' 토니 스타크가 아니면 감당하기 힘들 만큼 비싸고, 눈의 움직임을 읽는 기능밖에 없는 장치인 아이트래커^{Eye Tracker}만 해도 값이 만 달러를 훌쩍 넘는다는 현실에 맞닥뜨린다.

에블링은 포기하지 않는다. 눈을 움직여 그래피티를 그릴 수 있는 도구를 직접 만들기로 결심한다. 에블링에게는 관련한 기술도 지식도 없으므로 혼자 할 수는 없다. 그는 수많은 사람을 만나 이 프로젝트에 동참해달라고 설득한다. 뉴욕의 교수,

실험예술가, 해킹 전과가 있는 해커 등 배경이 다양한 사람과
팀을 프로젝트에 불러 모은다. 그들은 '엄청나게 많은 스파게티와
팬케이크를 해치우고, 커피를 연료 삼아 지새운' 나날들 끝에
50달러만 들이면 만들 수 있는 아이라이터^{Eye Writer}를 개발하는 데
성공한다. 안경에 와이어와 웹캠을 단 간단한 구조지만, 웹캠으로
눈동자의 움직임을 읽어 그림 형태로 성공적으로 옮길 수 있었다.
이들은 아이라이터 제작 방법을 인터넷에 오픈소스로 공개해
기술이 필요한 사람이라면 누구나 직접 만들어 쓸 수 있게 했다.
당신도 원하기만 한다면 아이라이터를 만들 수 있다. 이케아의
거대한 옷장을 혼자 조립하는 일처럼 버겁게 느껴지겠지만, 막상
그들이 세세하게 정리해 공유한 스물일곱 장짜리 설명서를 보면
생각이 달라질지도 모른다.*

　　만들기 기술의 장벽은 나날이 낮아지고 있다. 그 중심에는
메이커 운동이 있다. 요즈음 세계적으로 확산되고 있는 메이커
운동은 미국의 오라일리에서 발행하는 잡지 〈메이크^{Make}〉를
중심으로, 새로운 DIY 문화를 확산하려는 움직임이다.
위키피디아에는 메이커 문화가 이렇게 설명되어 있다.

　　'DIY 문화의 기술 기반 확장판이며 주로 다루어지는
분야들은 금속가공, 목공, 수공예 같은 전통적인 활동을 포함해
전자 기술, 로봇, 3D프린팅, CNC머신(컴퓨터가 내장되어 제어하는

---

*　eyewriter.org, notimpossiblenow.com

각종 기계류) 등을 이용한 엔지니어링 지향적 활동.'

    말 그대로 눈에 보이고 만질 수 있는 것들을 스스로 만들어내는 활동이라고 할 수 있다.

    이 메이커 문화는 오픈소스 문화를 기반으로 성장했다. 인스트럭터블instructables.com 같은 온라인 커뮤니티에는 부러진 의자를 고치는 방법부터 스마트폰으로 화단에 물을 주는 시스템을 구축하는 방법, 3D프린터 같은 기계를 직접 설계해 만드는 방법까지 상세한 안내도가 공유되고 있다. '메이커'라고 새롭게 이름 붙여진 이들은 자신이 만든 것과 만드는 방법을 공유하고, 누구나 따라 하거나 개선할 수 있도록 열어둔다. 만드는 방법이 누구에게나 열려 있고, 만드는 도구나 설비의 비용이 싸지고, 더 다루기 쉬운 도구들이 등장하면서 메이커 운동은 자본주의 시대에 새로운 대안 혹은 새로운 가능성으로 주목받고 있다. 이제 자신의 필요만큼을 직접 생산해 '디지털 자급자족'을 추구하는 사람들이 늘고 있다.

    물론 메이커 운동은 첨단 기술에 한정되지 않는다. 빅브라더와 자율주행 자동차, 인공지능이 실현되는 SF 같은 시대에 스스로 로빈슨 크루소같이 표류하기를 선택하는 사람들도 있다. 이들은 의식주, 크게 세 가지로 정리되는 인간 생활의 기본 요소를 '로테크low tech'로 스스로 해결하는 법을 우리 삶 속에 복원하고자 한다. 인류가 오래전에 터득했으나 이제 대부분의 사람들이 특정 직업군에 맡긴 기술, 즉 천을 짜서 옷을 만들고,

농사를 지어 음식을 하고, 집을 짓고 그 안을 따뜻하게 만드는 것 같은 생활기술 말이다.

직접 해본 적은 없어도 취미로 즐기는 사람이 많으니 코바늘이나 대바늘을 이용한 뜨개는 모두 익숙할 것이다. 그렇다면 천을 만드는 기술인 직조는 어떤가. 직조는 1차원에 해당되는 선, 즉 실을 2차원인 면으로 만드는 방법이다. 호메로스의 《오디세이아》에서 페넬로페가 구혼자들을 물리칠 핑계로 활용할 만큼 인류에게는 오래된 기술이 직조다. 아주 어렸을 때 내가 살던 동네에는 방에 베틀을 두고 쓰던 집이 있었다. 호기심에 그냥 들어가본 건지, 심부름으로 간 건지 기억이 나진 않는다. 열려 있는 미닫이문을 넘어 들어가 가까이에서 본 베틀은 그림책에서 보던 모양과 똑같았지만 상상했던 것보다 훨씬 컸다. 높이는 그때의 나보다 두 배가 넘었고, 길기도 길어서 작은 방을 가득 채웠다. 실제로 누가 거기 앉아 베를 짜는 모습은 보지는 못했다. 다만 복잡하게 얽힌 실과 반질반질한 북을 보면서 어떤 원리로 실이 천이 되는 것인지 이해하려고 애썼다.

바늘 하나만 있어도 할 수 있는 뜨개와는 달리 직조는 그렇게 큰 장비가 필요해서인지 꽤 오랫동안 공장에서 기계로만 이루어져왔다. 그러다가 다양한 제작을 실험하는 사람들이 직조를 다시 (적어도 관심이 있는 사람들의) 일상으로 가지고 돌아왔다. 인터넷으로 '직조'를 검색하면 입지 않는 티셔츠로

실을 만들어 카펫을 짜는 방법부터 손가락만을 이용해서 천을
짜는 법, 무릎 위에 올려놓을 수 있는 크기로 개조한 베틀까지
다양한 정보를 찾을 수 있다.

집을 제 손으로 직접 짓는다는 건 천을 짜는 것보다 훨씬 더
상상하기 어려운 일이다. 요즘 시대에 집을 짓는 것은 건축가와
목수, 미장공, 전기공 등 전문 지식을 가진 사람들이 총체적인
노동을 동원해야 하고, 그마저도 자격을 인정받은 사람들만 할 수
있다고 여겨지기 때문이다. 하지만 불과 몇 세대 전까지만 해도
집 짓기 또한 손과 경험으로 전해지던 기술이었다. 대궐을 짓거나
반가의 아흔아홉 칸 집을 짓는 정도가 아니라면 동네 사람들이
모여 뚝딱뚝딱 집을 지어 살았다.

적정기술과 생활기술을 연구하는 김성원 씨가 서울을 떠나
전라남도 장흥에 정착해 지은 집도 그렇게 지어졌다. 그가 이용한
방식은 흙부대집 공법이다. 1984년 미국항공우주국^{NASA}에서
어떻게 하면 우주선에 실을 자재의 무게는 최소화하면서 달에
건물을 지을 수 있을까 궁리할 때 건축가 네이더 칼릴리가 달의
흙을 이용하는 방법으로 제안했다. 문자 그대로 '흙+부대=집',
즉 양파 망이나 쌀 포대 같은 부대에 흙을 채우고 이를 차곡차곡
쌓는 방식이다. 김성원 씨가 집을 올릴 때도 동네 어른들이
틈틈이 모여 쌀자루에 흙을 담고 쌓는 일을 도왔다고 한다.
첫 집을 짓는 데 성공하고 그는 '흙부대건축네트워크'라는
인터넷 카페를 만들어 그의 경험과 자료를 공유했다. 이제

'흙부대생활기술네트워크'라고 이름을 바꾼 카페에는 직접 집을
지었거나 집 짓기에 관심 있는 3만 명 넘는 사람이 모여 경험과
지식을 공유하고 있다.

김성원 씨는 집을 지은 데서 그치지 않았다. 삶을 회복하는
기술을 다양하게 연구하고 실험하고 있다. 그중 특히 재미있는
것은 난로 제작 프로젝트다. 음식을 익히고 체온을 유지하게
해주는 불은 생존에 매우 중요한 요소다. 그는 대형 태풍을 맞은
어느 해 여름에 나흘 동안 전기가 끊어지는 경험을 한 뒤, 현대
문명의 성장에는 한계가 있음을 실감했다고 한다. 그 후 쇠와
불의 특성을 익히고 다양한 화덕과 난로를 직접 만들어보면서
난방 적정기술을 연구했다. 이 연구는 '나는 난로다'라는
적정기술 축제로 이어졌다. 2011년부터 시작되어 2015년에
다섯 번째를 맞았다. 잘 만든 난로를 가지고 서로 겨루는 대회가
아니라 개인의 개성이 녹아든 독특한 난로들을 감상하고,
모자란 부분은 서로 의견을 나누어 개선하여 그 결과를 다시
공유하는 축제다. 점점 더 많은 사람이 '자신의 삶의 방식을
스스로 결정하는 데 기여하는 전환기술'로서 난로 제작에 관심을
기울이고 있다.

평범한 삶의 트랙에서 벗어난 사람들이나 만들기가 가능해
보이는 예였다는 것은 안다. 그렇기에 책이나 인터뷰로 소개되지
않았겠는가. 이런 사례만 본다면 만들기는 동경은 되지만
쉽사리 시도할 수 없는 일로 여겨질 것이다. 하지만 만들기는

그렇게 거창한 것이 아니다. 첨단기술만을 요구하지도 않는다. 의식주처럼 생존에 필수적인 것만을 대상으로 삼는 것도 아니다. 시간과 노력을 들여 무언가를 이루는 것, 그것이 만들기다. 결과물 수준이 어떻든, 아예 결과물이 존재하지 않든 상관없다. '만들기'라는 말 자체가 결과가 아니라 과정을 가리키는 말이다. 관심을 가지고 돌아보면 주변에서도 무언가를 만드는 사람을 어렵지 않게 찾아볼 수 있다.

나와 가까운 친구 하나는 집에서 술을 담근다. 재작년엔 맥주, 작년엔 막걸리를 담갔다. 성공보다 실패가 많았다. 그래도 친구가 새로운 완성품을 들고 릴리쿰을 방문할 때마다 우리는 맛이 궁금해 기꺼이 한 잔의 모험을 감행하곤 했다. 한때 맥주는 대기업에서 만든 한두 브랜드가 선택지의 전부였던 시절이 있었다. 요즘은 소규모 생산 업체에서 자신들만의 노하우로 제조한 각양각색의 맥주를 맛볼 수 있다. 더 관심이 있다면 레시피를 공유하는 수업에 참여할 수도 있다. 집에서 맥주나 와인, 막걸리를 직접 담가 먹는 사람이 늘고 있다. 그들은 주류 소비자에서 벗어나 술을 공부하고, 다양한 재료와 제조 방식을 실험한다.

얼마 전에는 동생이 집에 향초를 가지고 왔다. 잼 상표가 뚜껑에 그대로 남아 있는 유리병에는 하얀 왁스가 4분의 3 정도 채워져 있고, 손으로 '페퍼민트'라고 쓴 스티커가 병의 둥근 곡면을 따라 붙어 있었다. 동생 말로는 향초 만들기가 취미인

회사 동료가 준 선물이라고 했다. 초는 꽤 오랫동안 로맨틱한 이벤트 혹은 평화 시위의 상징, 생일 케이크 위에 잠깐 등장하는 정도로 활용되었지만 언젠가부터 집 안 냄새를 없애주고 심신 안정에 도움을 주는 물건으로 자리 잡았다. 초 대신 '캔들'이라는 단어가 들어간 특정 브랜드의 가게가 하나둘 들어서고, 천연 오일 원료로 만들었다는 고가의 향초도 인기를 끈다. 재미있는 건 직접 만드는 사람도 소규모로 직접 만들어 파는 사람도 더불어 늘어났다는 점이다. 다양한 왁스부터 향과 효능이 독특한 에센셜 오일, 마른 꽃 같은 재료를 마음대로 조합할 수 있고, 인터넷에서 재료를 구하기도 쉽기 때문일 것이다. 마을 단위로 작게 열리는 장터에 나가보면 직접 만든 향초를 가지고 나와 판매하는 부스를 예전보다 많이 볼 수 있다.

'진^{Zine}'은 로테크로 만든 자가출판물을 말한다. '@아카이브'는 '진'으로 개인이 자신의 목소리를 기록하도록 독려하고, 이를 축적하는 아카이브다. 2015년 일, 공간이라는 주제로 두 차례 워크숍을 열어 진 만들기를 진행했다. 나는 첫 회에 참여했다. 하는 일, 나이, 관심을 가진 대상이 모두 제각각인 열 명 넘는 사람들이 한 달 넘게 일요일마다 모여 책을 엮는 다양한 방법과 등사 기술을 배웠다. 이런 과정을 거치면서 전에는 존재하지 않았던 개인의 기록들이 탄생했다. 개인이 책을 만드는 것은 더 이상 어려운 일이 아니다. 아니, '더 이상'이라는 말에는 어폐가 있다. 프린터가 보급되기 전에도 사람들은 등사 원지를 닳고, 등사기를 밀어 개인 인쇄물을 만들어왔다. 소설가 스티븐 킹이 어릴 때 자신이 쓴 소설을 집 지하실에서 직접 등사해 학교에서 팔았다는 얘기는 유명하다. 그러니 '더 쉬워졌다'고 말하는 편이 옳을 것이다. 가정에 있는 프린터만으로도 우리는 '진'을 만들 수 있다.

만들기로 세상과 소통하고자 하는 움직임도 있다. 얀바밍 운동 Yarn Bombing (직역하면 '실 폭격'이라는 뜻이다)이 예다. 얀바밍 운동은 동상이나 가로수, 난간 등 공공 시설물에 허가 없이 뜨개로 만든 덮개를 씌우는 거리 예술이다. 화려한 색채와 패턴 때문에 니트 그래피티 knit graffiti 라고 불리기도 한다. 2005년 직물예술가 마그다 세익 Magda Sayeg 이 처음 시작했다고 알려져 있다. 주로 유럽과 북미에서 활발히 이루어져왔다. 우리나라에서도 쌍용자동차 농성촌에서 있었던 '뜨개농성'이나, 제주 강정마을 해군기지 반대를 위한 뜨개 바느질 행동 '강정의 코'가 진행된 적이 있다. 이러한 공예 행동주의 craft activism 는 일상적인 만들기를 목소리로 활용하여 연대의 의미를 환기하고, 농성자들에게 위로를 건넨다.

우리는 왜 만드는 것일까. 그 대답은 우리 자신에게서 찾아야 하지 않을까. 영화 〈어메이징 스파이더맨〉에 등장하는 문학 선생님은 수업을 시작하며 이렇게 말한다.

"예전에 학생들에게 소설에 나오는 건 단 열 가지 주제뿐이라고 말씀하시던 교수님이 있었죠. 교수님 말은 틀렸어요. 소설의 주제는 오직 한 가지입니다. '나는 누구인가?'"

부모님 세대의 '직접 만들기'는 대개 가난과 자원 부족의 결과였다. 필연적일 수밖에 없었다. 이후로 짧게 붐을 일으켰던 만들기는 대개 취미, 즐거움을 위한 것이었다. 최근 다시 대두되는 DIY는 그저 필요한 것을 만드는 데 머무르지 않는다. 그보다는 자본주의라는 프레임에 갇혀 생존을 위한 돈벌이와 스펙 쌓기에만 몰두하던 패턴에서 벗어나, 자본주의로 이루어진 '상품'과 거리를 두고 소외되었던 진짜 자신에게 주목하는 기회라고 할 수 있다.

자기를 표현하고자 하는 이상을 보다 적극적으로 실천하는 것, 제품이 만들어지는 과정을 경험하고 직접 만들어 쓰거나 고쳐 쓸 수 있는 능력을 장착하는 것, 그러고자 노력하는 것은 내 삶을 이루는 물건들을 주도적으로 장악해 삶에서 주체성을 회복하고자 하는 본능적인 욕구에 가깝다. 장바구니에 물건을 담듯 주어진 선택지에서 골라 삶을 구성하는 것이 아니다. 선택지 자체를 스스로 마련하는 일이다.

만들기를 하다 보면 우리는 하나의 물건이 지나온 길을 더 잘 이해하게 된다. 이 이해가 삶을 돌아보게 하고, 또 더 예민한 감각을 선사할 수도 있다. 분명한 것은 이런 과정을 거치면서 우리의 삶은 더 건강해지고, 분별이 생기리라는 것이다. 만들기는 내가 가진 물건이나 기술을 확장하는 데 그치지 않는다. 물건을 이해하면 사회를 이해하게 된다. 무엇보다 만들기는 분명하게

'나'를 알게 하고, 또 변화시킨다. 만들기가 사라진 시대에서 진정한 자신은 누구인지 답을 구하는 과정은 역설적으로 우리를 다시 만들기의 시대로 이끌 것이다.

4 만들기, 새로운 삶의 방법

나의 만들기 역사

호랑

어릴 때 할머니께서 날 부르시던 별명은 '메주'였다. 메주
닮았다는 소리에 내가 화를 내거나 삐지는 게 재밌으셨는지
할머니는 자주 나를 놀리셨다. 나는 그 시절 메주가 정말
싫었다. 천장에 대롱대롱 매달린 메주에서 폴랑폴랑 내려앉는
곰팡내. 못생기기도 했거니와 냄새가 지독했다. 우리 집은
아파트였는데도 할머니는 방 안에서 메주를 띄우셨다. 그뿐인가.
베란다에는 새벽마다 울어대는 수탉이 살았고, 그 옆으로는
장독대가 즐비했다. 도시에서 태어나 자랐지만 내 기억 속 풍경은
여느 시골살이 못지않다. 할머니는 가끔 아파트 뒤쪽 대나무
숲으로 죽순을 따러 가셨다. 베란다에서 내려다보고 있으면 저

멀리 작아진 할머니가 숲으로 쑥 들어가 자취를 감추셨다가 한참 후 다시 나타나셨다. 그날 저녁 할머니가 만들어 내신 죽순된장국을 먹을 때면 나는 동화 속 마녀의 수프를 먹는 것 같은 기분에 메주 곰팡내는 잊어버리곤 했다.

그 시절만 해도 빨간 고추나 무말랭이를 내다 말리는 모습을 도시의 아파트단지 안에서도 쉽게 볼 수 있었다. 장독대는 냉장고만큼 당연한 물건이기도 했다(1970년대 지어진 여의도 시범아파트에는 층마다 현관 밖에 장독을 놓는 공간이 있었다고 한다). 그로부터 시간이 훌쩍 지나 우리 집 베란다가 서너 배쯤 커지고 내가 성인이 된 이후에도 할머니는 메주를 띄우고 고추를 말리며 간장, 된장, 고추장만큼은 직접 빚으셨다. 지금도 유년 시절 우리 집을 생각하면 장독대 뚜껑의 묵직함, 거친 도기 표면의 질감, 삼남매같이 나란히 선 장독대들이 있던 할머니의 베란다 제조장이 떠오른다.

스무 살이 되었을 때 나는 미술대학에 입학했다. 정확히는 예술·디자인학부. 갑작스레 미대를 들어가게 되면서 나는 흔히 '미대생' 하면 떠올리는 이미지들을 상상했다. 미대에 입학하는 대부분의 학생들과 달리 미술학원을 다닌 적도 없고 입시 미술을 준비하지도 않아 미대에 환상이 더 컸는지도 모르겠다. 화실에서 앞치마를 두르고 머리를 질끈 동여매고 온몸에 물감을 묻혀가면서 에너지를 집중해서 유일무이한 나만의 결과물을 손에 쥐는 일. 원본의 아우라를 만들어내는 예술적 행위를 동경했다.

그런데 막상 대학 수업에서는 그런 것들을 충분히 경험할 수
없었다. 시각디자인은 순수 미술과는 지극히 다른 분야였다.
과제와 발표, 전시를 위해 수많은 작업을 했지만 대부분 컴퓨터를
이용한 디지털 작업물 제작이 우선 과제였다. 컴퓨터 앞에
앉아서 수긍할 만한 작업물이 나올 때까지 씨름했다. 밤샘이
일상이 되었다. 물론 '디자인'이라 불리는 많은 것에서 새로운
지적 자극을 얻었고 평생 알고 싶은 분야일 만큼 흥미진진한
세계였다. 작업은 힘들면서도 동시에 즐거운 탐구의 연속이었다.
한편으로는 계획되고 정제된 창작과는 다른 에너지를 발산할 수
있는 작업에 갈증을 느끼는 시기이기도 했다.

　　2011년에 '땡땡이공작'이라는 이름의 활동을 시작하면서
본격적으로 손으로 만드는 활동들을 시작했다. 뒤에서 더
자세하게 이야기하겠지만 '땡땡이공작'은 놀이와 기술이라는
주제를 DIY 정신에 버무린 만들기 행위다. 당시 나는 쉼 없이
그래픽디자이너로 일하느라 컴퓨터 작업에 짓눌려 있었다.
그래서 그동안의 경험 중에서 가장 즐거웠던 기억을 되살려
내 손과 몸을 움직여 창작할 수 있는 길을 찾아 나섰다. 대학
시절부터 해보고 싶었던 실크스크린을 작업하는 워크숍을
기획했다. 늘 마음속에 품어왔던 목공을 배우기도 했다.
미디어아트를 연구하면서 전자회로를 다뤄보았던 경험을 빌려
전자공작 워크숍을 열기도 했다. 여러 가지 제작 기술을 접하고
사람들을 초대하는 프로젝트를 만들면서 동료를 만나고 삶의

갈증이 비슷한 사람들과 함께 고민하니 자연스레 즐거운 일들이
많아졌다. 그리고 3년 전 릴리쿰이라는 공간을 열게 되면서
만들기는 노동이자 작업이자 행위로서, 내 삶 한가운데에
뿌리내리는 중이다.

가장 뜨겁고 치열하게 삶을 고민하던 때를 떠올려보면
열일곱 열여덟 무렵이라 할 수 있을 것 같다. 그 무렵 인생을
어떻게 살고 싶은지 스스로 물으며 내가 가장 많이 떠올린 것은
'야생'의 삶이었다. 누구에게나 그렇겠지만 그때 나는 앞으로 몇
십 년을 이미 누군가가 다 만들어놓은 사회에 맞춰 살아야 한다는
사실이 버거웠다. 그 안에서 다양한 역할을 소화해야 하는 것도,
그러면서 겪을 감정과 생각도 괴로웠다. 나는 가장 자연스럽게
인간다운 삶을 살 수 있는 방법을 찾고 싶었다. 그러다 보니
답답한 인간 사회보다 동물의 세계를 탐닉했다. 그래봤자
야생동물을 연구하는 학자가 되어 정글을 떠돌며 사는 삶을
'상상'하면서, 텔레비전으로 〈동물의 세계〉를 비디오테이프에
녹화해 몇 번이고 돌려보는 정도였지만 말이다.

이 글을 쓰면서 이렇게 내 삶에 겹겹이 쌓인 기억의 지층을
들여다보니 결국 이것들이 모여 내가 살아가는 방법이 되었다는
생각이 든다. 된장이며 고추장이며 직접 만드는 수고를 당연하게
여기셨던 할머니와 부모님 세대가 살아온 삶을 나는 이전과
다르게 바라보게 되었다. 점점 첨단화되는 기술에 갇혀 밥벌이로
주어진 일 외에는 아무것도 할 수 없는 상태가 아니라, 작으나마

내 손끝으로 자급하고 제작하는 기술을 구현하고 그 기술이 내 일상으로 스며드는 삶을 살고 싶다. 동의할 수 없음에도 너무나 견고하게 작동하기 때문에 순응해야 하는 세계가 아니라, 작은 틈을 벌려서라도 직접 내 삶의 우주를 만들고 싶다.

저절로 나서 자라는 '야생'을 살 수 있는 자유로운 인간의 생이 내가 바라는 삶이라면, 손으로 만드는 작업들은 나를 그러한 상태로 복원하는 작업이 아닐까.

도요

어제도 흙 작업을 하고서 힘든 몸을 가누며 쉬다가 문득 궁금해졌다.

'도대체 나는 왜 이렇게 힘들었다 좋았다 반복하면서 이 일을 하고 있는 것일까. 육체적인 수고로움에도 불구하고 십수 년 동안 손을 놓지 않는 이유는 과연 무엇일까.'

무언가를 만든다는 것 자체에서 얻는 성취감도 있다. 그러나 그보다 나에게는 초기 스케치부터 재벌을 구워내는 마지막까지 모든 과정을 스스로 진두지휘할 수 있다는 점이 더 큰 이유다. 사람 만나는 시간도 좋아하지만 나만의 시간이 더 중요하다고 여기는 외향적인 듯 내향적인 성격 때문에 독립으로 일할 수 있는 도자라는 작업이 편리하다고 느껴진다.

도예를 배우기 이전의 내가 점이었다면 예술로서 도자를 배우게 된 것은 선이나 면으로 성장하게 된 티핑포인트였다. 내가 대학에서 경험한 도예 수업은 영화 〈사랑과 영혼〉에서 데미 무어와 패트릭 스웨이지가 물레를 돌리며 엉기는 유명한 장면과는 달리, 표현예술로서 비평과 토론을 거듭하는 과정을 중요시했다. 작가가 주제를 작품 속에 녹여내려면 날것인 생각을 어디까지 정제할지 결정하는 계획과 단계적인 여과가 필요하다. 주제에 적합한 매체를 선택하는 일부터 구체적인 조형 요소와 표현 방법을 결정하는 과정을 분석적으로 사고하는 훈련을 받곤 했다. 한 프로젝트가 끝나면 총체적 과정에 비평을 듣고, 반대로 다른 이들의 작업을 비평하기도 한다. 익숙한 사물이나 일상적인 주변을 다른 눈으로 바라본다거나, 전혀 다른 것에 빗대어 보는 등 이때 학습한 작가의 관찰법은 학교 밖 세상을 바라보는 데도 적용할 수 있다. 만일 다른 전공을 선택했더라면 삶을 대하는 태도가 지금과는 꽤 달랐을 테다. 우연히 선택한 전공이었지만, 흙을 만지면서 새로운 삶의 방식을 배운 셈이다.

　　도예의 또 다른 매력은 흙이라는 재료 때문이다. 말랑말랑 촉감이 부드러워 누구에게나 쉽게 성형을 허락하지만, 사실 흙과 깊은 관계를 맺는다는 것은 여간 까다로운 일이 아니다. 재료 배합에 따라 달라지는 쫄깃함, 조각이나 접합에 알맞은 꾸들꾸들한 때를 놓치지 않는 것, 작업 속도에 영향을 주는 그날그날의 날씨까지, 고려해야 할 사항이 한두 가지가 아니다.

게다가 불 속에서는 또 어떤가. 유약의 비중에 따라 달라지는
표면은 1, 2도 온도차에도 민감하다. 고유의 물성을 거스르고 내
욕심대로 작업을 진행하면 작업은 과정 중에 이미 삐그덕거린다.
또 성형에는 성공했더라도 효율성이 중요시되는 공방 시스템에서
이것은 특히 문제가 된다. 물성을 이해하지 못한 디자인은
한두 개 시제품 성형은 어떻게든 가능할지 몰라도 양산 과정이
복잡해져 결과적으로 생산성이 떨어지기 때문이다.

여러 번 시행착오를 거치며 깨달은 바가 있다면 좋은
디자인이란 형태와 제작 방법이 재료의 물성을 따르는
자연스러움에 깃드는 것이다. 그리 헌신적인 도예가는 아니어서
쑥스럽지만 어쨌든 흙이란 나에게 오래 사귀어 친근한, 그러나
여전히 여러 수수께끼를 가져다주는 어려운 재료다.

작품을 만드는 일은 작가 스스로에게 위안을 준다. 반복적인
손노동이 때로는 지루하지만 내내 명상의 역할을 한다. 특히
내 안의 이야기를 끄집어내는 과정은 그 자체가 자기치유다.
흔들리는 시선을 물레 중심에 고정하고 손과 팔의 힘을 원심력에
따라 강하게 약하게 조절할 때, 호흡을 잠시 참고 석고 틀에서
흙을 떼어낼 때, 초벌기 표면을 사포로 매끈하게 갈 때, 주변은
고요해지고 오로지 근육이 기억하는 감각을 따른다.

그럼에도 졸업 무렵에는 고민이 찾아왔다. 작품을 만든다는
것이 단지 자기 위안이기만 한 것만은 아닐까, 작품으로
먹고산다는 것이 소수의 사람들에게만 소통되는 일은 아닐까, 좀

더 사회적으로도 의미 있으려면 어떻게 풀어야 할까 생각하기 시작했다. 디자인 공부를 시작했지만 대량으로 생산될 물건을 디자인하는 일보다는 장인정신이 깃든 물건을 생산하는 과정에 더 끌릴 뿐이었다. 핀란드에서 5년을 머물면서 공예가와 예술가와 디자이너의 경계에 서 있는 나를 발견하게 되었다. 나는 이 점들을 연결함으로써 잊혀가는 가치를 현재에 유용한 방법으로 풀어내는 궁리를 하고 있다.

물고기

어릴 적부터 이미 사회성이 떨어지는 아이였던 나는 어느 곳에서든 나만의 둥지를 찾는 데 골몰했다. 집에서는 침대 위에 쳐둔 잠수함 모양의 텐트나 책상 아래, 외가에서는 다락으로 통하는 계단 위, 할아버지 댁에선 허리 높이로 벽을 파서 이불을 보관하도록 만든 벽장 속이 그런 곳이었다. 그중에서도 나는 벽장을 가장 좋아했다. 안으로 들어가 여닫이문을 닫고 반듯하게 개어 쌓아둔 이불 사이에 다리를 뻗고 앉아 있으면 어둠이 고운 먼지처럼 쌓였다. 벽지가 거칠게 발린 벽은 차갑고 축축해 오래 기대면 등이 시렸고, 이불 아래 묻힌 발에서는 금세 열이 올라 촉촉하게 땀이 솟았다. 가끔 밖에서 재미있을 것 같은 만화영화 소리가 들리면 문틈으로 슬쩍 내다볼 때도 있었지만, 대개 혼자 이런저런 공상을 하며 시간을 보냈다.

공상의 주제는 그때그때 달랐지만 머릿속을 차지했던
건 무인도에서 살아가는 일이었다. 《로빈슨 크루소》, 《15소년
표류기》 같은 모험소설에 푹 빠져, 차를 타고 꼬불꼬불한
산길을 가거나 유람선을 타게 되면 깃털처럼 가벼운 우연이
나를 무인도에 데려가주리라 생각했다. 그래서 나는 어딜 가든
일기장, '맥가이버 칼'로 불렸던 스위스 군용 다용도 칼 그리고
성냥을 가지고 다녔다. 어린아이가 생각할 수 있는 최소한의
생존 키트였다. 그때 나에게 《로빈슨 크루소》는 성경과도 같았다.
크루소는 아무것도 없는 섬에서 집을 짓고, 씨를 뿌리고, 가축을
기른다. 화덕을 만들어 그릇과 빵을 굽고, 옷과 양산을 만들기도
한다. 이런 과정이 너무나도 생생하게 묘사되어 나는 아주
오랫동안 이 책이 작가의 실제 경험을 그린 것이라고 믿었다.

차곡차곡 나이를 먹으면서 내 관심은 모험소설에서
추리소설로 옮겨갔고, 장래희망도 탐정에서 발명가, 우주비행사,
과학자로 끊임없이 목적지를 바꾸었다. 대학에서 처음으로
선택했던 전공은 전산전자였다. 전공 수업은 지루했고, 교양으로
들었던 드로잉 수업이 더 재밌었다. 손을 잔뜩 더럽히면서 뭔가
만들어내는 과정은 즐거웠다. 크게 망설이지 않고 디자인학부로
전공을 옮겼는데 막상 교양에서 전공으로 넘어가니 이쪽도
손을 쓰는 작업은 많지가 않았다. 작업은 모니터를 앞에 둔
채 이루어졌다. 학교를 다니는 내내 '차선인 줄 알았는데

차악이었네' 정도의 감흥이었다.

졸업 후엔 작은 팬시 회사에 입사했다. 디자인을 하면
제품이 되고, 그게 시장에 나가 팔리는 게 신기했다. 오래
가지는 않았다. 지루함은 1년 만에 참기 힘든 높이로 쌓였다.
벗어날 구실이 필요해 대학원에 지원했다. 즉흥적인 결정이어서
지원 시기를 놓쳤는데, 한 군데 디자인대학원이 그때까지도
모집 중이었다. 그저 제품 디자인도 디자인 경영도 싫어
디지털미디어디자인 학과를 선택했다. 별 기대가 없었던 만큼
더 즐겁게 다녔다. 디자인의 상업적인 쓰임을 중시했던 학부
과정과는 달리 대학원은 다양한 시도를 권하는 분위기였고, 좋은
사람을 많이 만날 수 있었다.

새삼 내가 손작업에 관심이 많다는 걸 다시 깨달은 건
교환학생으로 프랑스에 갔을 때였다. 거기서는 컴퓨터로
작업해서 출력하면 끝이 아니었다. 머릿속 아이디어를 손으로
만질 수 있는 오브제로 구체화하는 작업이 많았다. 처음 보는
소재를 드릴로 깎고 붙여 형태를 바꿔보는 과정이 재밌었고, 이런
활동을 계속하고 싶었다. 그러나 막상 대학원마저 졸업하고 나니
조건에 맞는 일자리를 찾기가 어려웠다. 차선 대신 차악이었던
학부 전공 선택의 경로를 되살려 차선의 선택지 UX회사에
입사했다.

일 자체는 나쁘지 않았다. 오히려 재미있었다고 말하는 게
공평하겠다. UX^user experience (사용자 경험)는 서비스를 디자인하는

일, 다르게 말하면 사용자의 경험 자체를 설계하는 일이다. 주어진 조건 아래에서 문제를 해결하는 일이라고도 할 수 있다. 이 일은 탐정이 추리하는 과정이나 과학자가 발명하는 과정과 유사했고, 재미가 있었다. 하지만 결국은 이윤을 내는 데 목적이 있었으므로, 문제를 탐구하는 과정은 축소되고 이미 정해진 답에 맞춰야 할 때가 많았다. 시간에 쫓기며 불합리한 프로세스 위에서 내놓은 작업물이 나는 자랑스럽지 않았다. 그럴 때마다 마음 한쪽에 방치해둔 욕구가 뾰족 솟아올랐다.

그렇게 슬슬 한계에 다다랐을 때 '호랑'이 새로운 활동을 고민하는 모임의 초대장을 보냈고, 나는 첫 줄만 보고도 내가 바라던 기회가 왔음을 알았다. 그렇게 '땡땡이공작' 활동이 시작되었다. 처음부터 순조로웠던 건 아니다. 저마다 다른 욕구를 가지고 모여든 스무 명 가까운 사람들은 몇 개월 동안 고뇌하고 방황한 끝에 또 다른 탐색을 위해 떠났다. 결국 끝까지 남은 넷이서 땡땡이공작 활동을 개시했다. 한동안 키보드만 두드리던 손은 다시 잉크와 접착제 따위로 더러워지기 시작했다. 직장과 병행했던 땡땡이공작 활동이 몇 년 후엔 릴리쿰으로, 4대 보험 없는 전업 창작자의 삶으로 이어졌다.

지난 과정을 길게 늘어놓은 건 지금 내가 서 있는 이 자리가 확고한 철학이나 의지로 한 발 한 발 내딛은 목적지가 아니라, 그저 깃털처럼 우연에 따라 흐르고 흘러 온 곳임을 말하고 싶어서다. 갈림길에 설 때마다 나는 그저 눈앞에 놓인 선택지 중 더 재미있을 것 같은 쪽, 더 즐거울 것 같은 쪽을 골랐다. 이후 행보는 분명 나의 의지였지만, 처음부터 좌표를 이곳에 고정하고 꾸준하게 달려오지는 않았다. 그렇게 해서 나는 릴리쿰이라는 둥지를 찾았고, '만들기'의 섬에 발을 디뎠다. 그리고 거의 5년째 이 섬을 탐험 중이다. 그리고 지금도 이 섬은 여전히 미지의 세계다. 요즘 나는 이제야 내가 왜 이곳에 닿기를 원했는지, 이곳에서 앞으로 어떻게 살아갈지를 고민한다. 이 섬을 탈출하는 것은 아직 선택지에 없다.

나는 내가 처음부터 '메이커'였다고 생각한다. 거창한 기술을 갖고 있었다는 뜻이 아니다. 어릴 적 우리 아버지는 가구점을 운영하면서 남는 부품을 조합해 다른 가구로 만들거나, 가게 뒤편 공간에 친구들과 '불량하게' 놀 수 있는 자신만의 오두막 같은 걸 뚝딱뚝딱 혼자 만드셨다. 그래선지 나도 뭔가 고장이 나면 일단 뜯어보는 게 먼저였고, 필요한 것이 있으면 바로 구입하기보다는 주변에 남는 것, 버려지는 것으로 만들어 쓰곤 했다. 그런 식으로 해결하며 살았기에, 메이커라는 말을 접했을 때 처음 든 생각은 '아, 내 이름을 찾았구나'였다.

얼마 전부터 《로빈슨 크루소》를 다시 읽고 있다. 어린이용 판본이 아닌 완역본에서 크루소는 내가 기억하는 것보다 더 좀스럽고 징징거릴 때가 많으며, 어렸을 땐 미저 인지하지 못했던 편협한 시선도 가진 사람이다. 그러나 여전히 훌륭한 '메이커'의 삶을 보여준다. 그의 섬은 완벽한 자급자족의 세계다. 아무것도

허투루 버려지지 않는다. 그는 연구와 실험을 거쳐 필요한 것을
만들고, 소비하는 양을 계산해 적당한 만큼 생산하고 수확한다.
나중에 프라이데이가 그의 섬의 일원이 되었을 때는 자신이
가진 지식을 공유한다. 이것이 내가 생각하는 메이킹이다.
3D프린팅 같은 신기술이 아니라 각자가 삶의 주체가 되는 것.
주변을 둘러봤을 때 문제가 있다면 해결할 방법을 아는 것 혹은
해결하고자 하는 태도. 그 기술과 방법을 나눠줄 수 있는 것, 나눠
받을 수 있는 것.

　　나는 내가 닿은 섬도 그런 곳이길 바란다. 아직은 섬을
탐험하고 집을 지어 유지하는 일이 고작이지만, 차차 씨앗을
뿌리고 필요한 것들을 만들어보려 한다. 로빈슨 크루소가 그랬듯
성공 전에 많은 실패를 치르게 될 것이다. 뭐, 괜찮다. 책을
끝까지 읽었기 때문에 크루소가 종국엔 성공한다는 것을 안다.
그리고 나는 이 섬이 실은 무인도가 아니라는 것도 알고 있다.

잉여롭게 치열하게

  각자 걸어온 길이 달랐던 세 사람이 릴리쿰으로 모이게 된
이유는 단순했다. 재료와 도구를 펼쳐놓을 작업실이 필요했기
때문이다. 혼자서 공간을 빌려 쓰기엔 비용이 부담스러워
엄두가 나지 않았고, 같이 있으면 작업 중에 서로에게 도움이 될
수도 있겠다 싶어 함께 쓸 만한 공간을 알아보기로 했다. 처음
생각했던 것은 그저 도자와 실크스크린을 할 수 있는 작업대 두어
개가 들어가는 정도의 공간이었다. 해가 쨍한 여름날 임대료가
적당한 작업실을 찾아 우리는 이리저리 발품을 팔았다. 예상대로
마음에 드는 곳은 비쌌고 가격이 적당하면 좁았다. 몇 시간을
놀아본 뒤에야 가격도 면적도 적당하다 싶은 곳을 찾았다. 아니,
적당한 정도가 아니라 그만 하면 훌륭했다. 월세도 저렴했고,

그 정도 크기라면 우리가 갖추려고 생각한 장비를 얼추 넣을 수 있겠다 싶었다. 여기가 좋겠다는 얘길하면서 밖으로 나와 주변을 둘러보는데, 빈 건물에 깨진 유리창들이 눈에 들어온다. 자세히 보니 '무단 점유 금지' 스티커가 붙어 있다.

"저건 뭔가요?" 하고 물으니 부동산 실장님 얼굴빛이 흐려진다.

"이 근처 범죄율이 좀 높아요……."

역시 이유가 다 있구나. 비싸거나, 좁거나, 우범지대라니. 그렇게 하루가 허탕이 되었다는 마음에 시무룩해져 터덜터덜 지하철역으로 돌아가려는 길에, 부동산 실장님이 마음이 쓰였는지 '좀 비싸긴 하지만 괜찮은' 곳을 굳이 보여주겠다고 고집을 부렸다. 앤티크 가구 가게가 늘어선 거리의 복판에 있는 건물 2층이었다. 군데군데 페인트가 벗겨지고 벽돌이 떨어져나간 좁은 계단을 따라 올라간 곳에서 우리는 릴리쿰을 만났다.

직전까지 주거 공간으로 쓰던 곳이라고 했다. 구조가 굉장히 독특했다. 입구에 들어서면 전실치곤 꽤 넓은 공간이 우선 보였다. 안으로 들어서니 거실로 쓰였을 공간 맞은편으로 부엌으로 쓸 수 있는 자리도 있었다. 창도 꽤 커서 해 질 녘이면 볕이 잘 들 것 같았다. 한쪽에는 창고로 쓰던 꽤 깊은 방도 딸려 있었다. 나무로 짜 맞춘 문양이 빼곡한 거실 천장 가운데에 촌스러운 샹들리에가 매달려 있었다. 벽 역시 나무 패널이라 주인이 꽤 고풍스러운 취향을 고집부린 게 아니라면 짓고 산 지

오래되었음을 쉽게 짐작할 수 있었다.

그곳은 우리가 처음 생각했던 것보다 세 배는 넓었고,
월세도 딱 그만큼 비쌌다. 경험해본 사람은 알겠지만 집을 구할
때건 차를 고를 때건, 일단 마음에 드는 게 생기면 뭘 봐도 다른
건 눈에 들어오지 않는 법이다. 계획보다 공간이 크다면, 그런데
마음에 든다면. 이런 곳이 필요한 사람들과 공유할 수 있지
않을까, 다른 방식으로 사람들을 초대할 수 있지 않을까. 이런
생각으로 무모하고 대책 없이 우리는 덜컥 계약을 하고 말았다.
그렇게 처음에는 우리 셋을 위한 작업실로 구상했던 공간이, 그
쓰임도 목적도 달라지기 시작했다. 어쩌면 우리에게 작업실이
필요했던 이유가 이 공간의 쓰임을 고민하면서 재구성되었다고
해야 맞을 것이다.

우리는 모두 삶과 동떨어지지 않은 제작 활동을 지속할
수 있는 환경을 바랐고, 어떻게 하면 그런 변화가 일어날 수
있을까 고민하던 중이었다. 그런데 마침 (살짝) 충동적으로
공간을 얻어버린 것이다. 이 공간을 가지고 우리가 직접 나서서
어떤 시도를 해볼 수 있을까. 스스로에게 질문을 던졌다. 이곳이
공유지로서 작동할 수 있을지, 사람들이 모이는 공간이 될 수
있을지 상상하며 떠오르는 여러 생각들을 펼쳐보기 시작했다.

가장 먼저 도구와 기술을 공유하는 공간을 그려보았다.
만들기에 관심과 열의가 있어도 실제로 문턱을 넘기 어려운 이유
중 하나가 도구나 장비를 소유해야 하기 때문이다. 필요한 장비를

2015년 9월, 이태원 공간의 클로징 전시 중인 릴리쿰

개인이 모두 갖추기는 어렵다. 특히 서울처럼 최소한의 주거
공간만을 확보한 채 살아야 하는 환경에서 차고를 개조한 작업실
같은 건 '꿈의 공간'에 가깝다.

미드나 할리우드 영화를 보면 어린 시절의 유쾌한 기억이든
공포 영화의 한 장면이든 등장하는 것이 바로 차고다. 한쪽
벽에 웬만한 수공구들이 빼곡하게 걸려 있다. 여러 가수나
운동선수들이 취미가 뭐냐 물으면 자기 차를 정비하는 것이라고
말한다. 스티브 잡스의 애플을 비롯한 수많은 벤처 혹은
스타트업에는 차고에서 시작한 탄생 서사가 있다.

한국에서 요즘 한창 성가를 올리는 서울 마포의 연남동이나
망원동, 합정동 일대 가게들을 잘 살펴보면 단독주택의 1층
중 입구가 크게 트인 곳이 작업실이나 음식점으로 바뀐 곳이
대부분이다. 즉 이전에 차고 혹은 창고로 썼을 공간이 건물주의
임대소득의 산실이 된다. 나만의, 우리만의 작업을 위한 여유가
머물 곳은 없다.

그러니 장비를 갖춘 공간을 찾아서 만들기를 배우기
시작한다. 자동기계를 갖춘 목공 공방, 오븐과 기타 장비를 갖춘
제빵 교실처럼 시설을 잘 마련해 교육 서비스를 제공하는 곳에서
배우면서 만들기를 배운다. 그런 장비로 만드는 법을 배우기에
교육 기간이 끝나고 나서 개인이 작업을 지속하기는 쉽지 않다.

마침 우리에겐 실크스크린 도구와 재료, 3D프린터가 한 대
있었다. 간단한 목공 장비와 도구, 레이저커터 그리고 도자기

작업을 할 수 있는 전기 가마와 물레 등은 공간을 마련하면 새로
갖추려던 참이었다. 우리의 장비 목록을 살펴보니 이것들이
공유 자원이 될 수 있지 않을까, 그러면 우리 장비가 더 값지게
쓰이지 않을까 하는 생각이 들기 시작했다. 비록 규모는 작더라도
말이다.

'도구를 다루는 기술도 함께 공유하자!'

기술의 밑천은 모자라지만, 할 수 있는 만큼 먼저 나누고 또
꾸준히 하다 보면 만드는 삶에 동참하기 원하는 사람들을 직접
돕게 되지 않을까 생각했다.

그리고 외롭지 않게 제작 문화를 누리는 공간도 상상했다.
독립 제작자로서 작업을 이어가기 어려운 점 중 하나는
외로움이다. 많은 동료와 함께 움직이거나 누가 대신 해줄 수
있는 일이 아니어서, 몸이 힘들어도 마음이 피로해도 기댈
곳이 없다. 직업으로 제작을 하다 보면 기술과 제품의 질을
위해 끊임없이 자신을 연마해야 한다. 다른 제작자와 경쟁도
해야 한다. 웬만큼 단단하지 않으면 쉽지 않은 일이다. 직업이
아니더라도 만들기는 결국 혼자 해내야 하는 부분이 명료한
작업이다.

'작업하는 시간이 태생적으로 고독하게 자신과 대면하는
시간이라면, 고독한 시간 사이사이에 작업하는 이들끼리
즐거움을 더할 수 있다면 어떨까? 같은 공간에서 따로 작업하고
서로 간섭하면서 작용하는 관계들이 생겨나면 좋겠다.'

세 번째는 소비재가 아닌 '사용 가치'를 만드는 행위란
무엇인가 하는 고민과 이어졌다. 모든 것을 돈으로 치환하지 않고
가치 교환이라는 행위의 본질을 찾아 다르게 접근해보고 싶었다.

'거래가 아닌 교환, 이런 것들이 지역사회 또는 소규모
공동체를 형성하는 기반이 될 수도 있으리라.'

장비와 기술을 공유하는 곳, 독립적으로 작업하되 관계
또한 만드는 곳, 거래가 아닌 교환이 발생하는 곳, 이런 생각들이
정말로 실현된다면 무엇보다도 우리 세 사람 스스로 즐겁게
제작 활동을 할 수 있는 공간이 되겠구나 싶었다. 평풍처럼 오고
가는 뜬구름들이 모여서 점점 하나의 형상을 이루었다. 얼마나
잘해낼지는 알 수 없었다.

'그러니까 해보자.'

그것이 우리가 내린 결론이자 시작이 되었다. 새로운
활동을 준비하면서 우리가 마음에 두었던 몇 가지 키워드 중
하나는 '잉여'였다. 잉여의 기본 뜻은 '나머지', 관용적으로
'남아돈다'는 말이다. 19세기 러시아 문학에 '잉여인간'이라는
용어가 등장한다. '쓸모없이 남아도는 인간'이다. 한편으로는
주위 세계나 사회와 거부 관계, 부조화 상태에 놓여 소외(疎外),
국외(局外)의 경험을 안은 인물들을 가리키는 표현이다. 경제학자
제러미 리프킨은 사회의 변화를 일으키는 소수를 제외한 나머지
대다수의 수동적 인간형을 잉여인간이라 정의하기도 했다. 현재
우리 사회에서 잉여인간은 주로 고용 불안과 빈부 격차, 극심한

경쟁에 밀려 사회에서 자기 자리를 찾지 못하는 취업 준비생, 무기력한 청년 세대, 조기 퇴직자 등을 비하하는 표현으로 쓰인다. 사회학자 지그문트 바우만은 21세기의 신자유주의가 이러한 '신 잉여인간'을 만들어낸다고 비판한다. 언젠가부터 인터넷 안에서도 자조 섞인 푸념들이 유행하기 시작했다. '나 잉여야' 같은 표현에는 나의 쓸모를 발견하거나 활용해주지 않는 사회에 대한 불만이나 한숨, 자조가 깔려 있다.

하지만 이런 생각을 뒤집는 사람들도 있다. '잉여롭기 때문에 일 대신 공상을, 여행을, 창작을 할 수 있다' '해야 하는 것, 필요한 것이 아니라 하고 싶은 것에 시간과 에너지를 쓸 수 있다'고 생각하는 사람들이다. 임금을 받기 위한 노동이 아닌 개인이 원하는 활동을 하려면 생계에 얽매이지 않는 잉여 시간이 필요하다. 하지만 우리 사회에서 고용된 상태에 있거나 조직에 속한 이들에게는 주체적으로 '잉여력'을 발산할 시간과 에너지가 절대적으로 모자라다.

릴리쿰reliquum은 '나머지'라는 뜻의 라틴어다. 모든 사회의 산업 구조와 노동 문제는 '남는 것'들을 어떻게 다루는가와 연결되어 있기에 '나머지'는 그저 나머지가 아니다. 우리는 잉여인간을 소외된 실패자가 아니라, 자조를 승화해 일상의 여유를 즐기고 놀이라는 인간의 본질을 추구하는 인간으로 보고자 했다. 낙오자가 아니라 삶의 방식이 다른 사람들이다. 밀려난 사람들이 아니라 스스로 남은 자들, 삶의 낭만을 위해

남겨두는 자들이다. 우리는 그렇게 잉여, 릴리쿰으로 우리를
정의했다.

　이태원에 제작 공간을 만들고 있다는 소식을 주변에 전하자
뭘 하려는 곳인지 궁금해하는 사람들이 늘어났다. 우리는 우선 두
문장으로 릴리쿰을 소개했다.

　릴리쿰은 '만들기'를 새로운 삶의 방법으로 취하여 환경과 일상을 복원하려는
사람들이 모이는 곳입니다.
　바느질부터 3D프린팅까지, 모든 분야의 제작 활동을 아우르는 아담한
공방이자 실험의 장입니다.

직접 만든다는 것, 그 힘

크리스마스를 며칠 앞둔 주말 오전, 릴리쿰은 한번도 만나본
적 없는 사람들을 기다리는 설렘으로 드디어 첫 문을 열었다. 한
달 남짓 모집해오던 크라우드펀딩이 예상보다 성공적으로 끝나,
후원자들에게 감사 인사도 전할 겸 오프닝 소식도 활기차게
알릴 겸 릴리쿰에서 '크리스마스 마켓'을 준비했다. 스스로
만든 물건을 팔 수 있도록 제작자들을 초대했다. 그들과 그들의
물건이 하나둘 모여 헛헛했던 공간을 채웠다. 차례로 이 제작자
겸 판매자의 지인들, 우리들의 손님, 텀블벅 후원자들, 지나가던
행인들이 문을 열고 들어섰다. 따뜻한 차와 커피를 대접하고
노릇노릇 키시도 구웠다. 금세 겨울 냄새 나는 풍경이 되었다.
해가 지고 작은 공연과 함께 파티가 열렸다. '이태원 그 집'을
계약한 지 딱 세 달 만에 연 일종의 '개업식'이다. 손때 묻혀가며

정성스레 꾸려보겠다고 시작한 일이 이렇게나 오래 걸리다니, 어이없기도 하고 재밌기도 해서 셋은 서로를 보며 웃었다.

보통 상업 공간들은 업체를 섭외해 2주 이내로 실내 공사를 재빨리 마치고 바로 영업을 시작한다. 내부 공사로 지체되는 시간만큼 영업 활동 없이 임대료를 지불해야 하므로 그렇게 하는 것이 '남는 장사'인 셈이다. 그러나 우리에겐 자금이 턱없이 부족했다. 그리고 직접 해보고도 싶었다. 그렇게 직접 인테리어 공사를 하는 동안 놀랍게도 월세를 세 번이나 냈다. 이렇게 얘기하면 대단한 인테리어를 한 것 같지만 견적부터 구매, 설치까지 직접 하느라 그만큼의 시간이 걸렸던 것이다. 을지로 3가, 4가, 청계천 일대를 밥 먹듯 드나들었다. 나중에는 누군가 묻는다면 '어디 가면 무엇을 구할 수 있어요' 조언할 정도가 되었다. 바닥 데코타일 결정하는 데도 몇 차례 샘플 확인과 회의를 거쳤다. 나무 벽에 칠할 페인트 색을 결정할 때도 컬러 칩을 고른 후 몇 가지 색을 직접 칠해보고 테스트를 거쳐 최종 결정한 색을 조색했다. 조명과 조명 레일도 직접 사다가 설치했다. 부엌 공간도 싱크대와 콘크리트 블록, 타일을 사다가 조금 거칠지만 어디서 살 수 없는 모양새로 만들었다.

직접 만든다는 것은 오래 걸리고, 솜씨가 서투르다면 사서 쓰는 것보다 비용이 적게 드는 것도 아니다. 그림에도 불구하고 그 과정에서 우리를 둘러싼 주변을 좀 더 이해하게 되고 우리 자신을 더 잘 알게 된다. 어디서 무슨 재료를 구할 수 있는지

구석구석 알게되었음은 물론, 어떤 일은 전문 기술자에게
의뢰하는 것이 낫다는 판단도 할 수 있게 되었으며, '콘크리트
벽 뚫고 칼 블록 넣기 신공'으로 팔 근력도 제법 키웠다. 멀리서
바라만 봤던 인테리어 공사를 스스로 해보니 숙련자들의 노동과
기술이 그냥 생겨난 것이 아님을 느끼며 그 협업과 노동의
교환가치를 다시 한 번 생각하게 되었다. 그리고 하나의 공간을
재구성한다는 것이 이렇게 부분과 전체를 번갈아 살펴가며
하나씩 채우고 연결하는 과정임을 알아갔다. 그리하여 소비자에
머물렀던 지난 날들에 비해 자신감도 생겼다.

　직접 만진 공간 릴리쿰을 우리는 사랑해 마지않았고
릴리쿰의 친구들 또한 그러했다고 말한다. 특별한 콘셉트를
가지고 디자인한 것도 아니었는데 아늑하다고 말한다. 격려와
응원이 섞인 멘트라는 걸 잘 알기에 늘 고맙다. 직접 수고를 들여
좋은 것 중 빠질 수 없는 한 가지는 역시 작업 후 친구들과 함께
배를 채우고 잔을 기울이며 힘들었다 수고했다 토닥토닥 하루를
마무리하던 시간이다.

　직접 만든다는 것. 우리에게 직접 만든다는 것은 직접
해본다는 것이며 스스로 생각해보려 한다는 뜻이다. 직접
체험하면 문제를 해결하는 과정을 온몸으로 겪으면서 재미를
느낀다. 그 흥미에 대한 기억이 오롯이 내 것이 된다면 지식의
내면화도 가능하다.

　요즘은 하늘에 날리는 연도 완성품이나 미리 재단된 키트로

쉽게 구매할 수 있다. 연날리기 자체가 흔치 않은 놀이가 된 지
오래되어 만들기 키트 상품만으로도 향수에 젖기도 한다. 어릴
적 처음 경험했던 연 만들기는 오감으로 남아 있다. 아버지의
도움으로 대나무를 직접 쪼개고 살에 창호지를 발라 정성껏 만든
방패연은 얇게 가른 대나무의 두께, 팽팽한 텐션, 서걱거리는
종이의 질감, 끈끈하게 갠 풀을 뜰 때의 느낌으로 손끝에 남아
있다.

　손끝으로 인지되지 않는 일은 관념에 머물기 쉽다.
시장에 가서 직접 보고 만져 물건을 고르는 일보다 클릭으로
해결하는 온라인 쇼핑은 훨씬 쉽고 편리해 더 빨리 욕망을
채워주는 듯하다. 그러나 많은 정보 속에서 진짜 내게 필요한
것을 골라내는 데는 상당한 집중력이 필요하다. 신발 한 켤레를
사더라도 믿을 만한 정보인지, 정말 내게 맞는 물건인지,
화면에서 드러나지 않는 흠은 없는지 고민하게 된다. 그래서
조금이나마 성공적인 구매를 위해 미리 무수한 사용평을
읽어보지만 그 즉시 의심 한 조각이 머릿속을 비집고 들어온다.
　'이 후기는 진짜일까, 아니면 알바(광고)일까?'
　몸은 편해졌을지언정 머리는 피로해진다.
　업무 역시 눈앞 스크린 속에서 이루어지는 경우가
대부분이다. 이와 달리 우리가 일상적으로 하는 손작업에서는
생각하는 일과 실행하는 일을 그 자리에서 확인할 수 있다. 눈과
손으로 확인할 수 있기에 머릿속에서만 바삐 굴러가는 관념적인

생산에서 오는 혼돈이 줄어든다. 산업디자인 교육에서도
입체모형을 만들어보는 3D스케치와 시제품 제작을 늘 강조한다.
컴퓨터 모델링만으로 제품을 설계하고 실제로 크기와 비율,
재질을 탐색하지 않으면 실제 제품을 생산할 때 더 많은 오류가
드러나기 때문이다. 그럼 경제적, 시간적 손실도 발생한다.
아무리 경력 많은 디자이너라 하더라도 이 과정을 건너뛰지
않는다. 디자이너에게는 두뇌와 손을 연결해야 하는 직업적 숙명
같은 것이 있다.

오락과 여가에서는 제 손으로 만드는 것은커녕 제 두뇌로
생각하는 것조차 뒷전으로 밀리고 남의 것을 그대로 유희하기만
한다. TV 속 육아, 여행, 특히 요즘 대세인 요리 프로그램처럼
일상과 가깝고 실용적인 주제를 다룬 프로그램이 인기다. 요리,
배낭여행, '썸남썸녀'의 대화를 실시간 메신저로 공개적으로
지켜보는 연애 상담도 있다. 먹는 모습을 생중계하는 인터넷
'먹방'도 있다. 일상에서 일어날 법한 일들을 대신 겪은 이들이
화면에 등장해 이야기하고 우리는 보고 듣는 시청자가 된다.

페이스북, 트위터 등으로 대표되는 SNS로 콘텐츠를
소비하는 일도 마찬가지다. SNS 덕에 다양성이 늘어나리라던
기대와 달리, 요즘은 정보의 소비가 점점 더 획일화되고 있다는
생각이 들 정도다. 혹자들은 남의 의견을 자기 생각인 양
차용하는 데 거리낌이 없다. 어쩌면 지금 우리에게 필요한 것은
패션화된 타인의 의견이나 편집된 매체의 관점으로부터 벗어나

독립적으로 사고할 힘을 기르는 일이 아닐까. 직접 만지고 몸을 움직이고 스스로 시도하는 일은 이와 무관하지 않다.

나에게 필요한 물건이 무엇인지 떠올리고, 어떻게 만들지 계획하고, 무엇이 필요한지 탐색하고, 마침내 원하는 것을 만들어내는 과정, 이 과정 속에서 우리는 우리가 원했던 사물뿐 아니라 우리 자신을 더 깊이 이해할 수 있다. 사용하고 소비하는 방식까지 고민하면서 관계와 환경 속에 놓인 우리 자신을 생각해볼 수 있다. 물론 뭐든 다 직접 하는 것이 능사는 아니다. 그러나 직접 만들어봄으로써 자본으로 매겨진 가치에 숨겨진 허상을 가려내는 힘이 생긴다. 무엇보다 스스로 체득한 가치는 이러한 허상이 가득한 세상에서 자기 자신을 잃지 않고 균형을 잡는 힘이 되어준다.

초대하는 만들기

작업실이나 공방은 많다. 굳이 또 새로 공간을 꾸려 세상에
소개하려던 이유는 릴리쿰이 뚝딱뚝딱 만들기만 하는 작업실이
아니었기 때문이다. 살아가는 방식으로서 만드는 활동을
지속하는 일이 의미 있으리라는 확신이 들었고 이를 다양한
방식으로 실험하고 싶었다. 디자이너로서 느꼈던 손노동의
부재라든가, 제품을 기획하고 생산하면서 느꼈던 '퀄리티'에 대한
딜레마, 쉽게 사고 쉽게 버리는 소비 일상의 헛헛함…….

　　이런 생각을 때론 진지하게, 때론 유쾌하게 풀어보고
싶었다. 떠오른 아이디어들이 휘발되기 전에 바로바로 구현할
장비와 노구를 구비하면 좋겠나, 여러 분야의 제작사들이 모이면
작업 노하우를 나누거나 문제 해결을 같이 고민할 수 있겠다,
귀가 전엔 맥주도 한 잔 기울일 관계가 생기면 더 좋겠다…….

그래서 릴리쿰 멤버십이란 이름으로 공간 공유 제도를
정리했다. 제도라 하니 딱딱하게 들린다. 쉽게 말해 가입한
멤버들이 사용료를 내면 릴리쿰의 장비와 도구로 자기가 구상한
것을 만드는 공동 작업실처럼 쓰거나, 굳이 뭘 만들지 않더라도
이곳에서 책을 보든 차를 마시든 느슨한 시간을 보낼 수 있는
권한이자, 스스로를 작업으로부터 안전하게 지킬 의무에 대한
약속이다. 처음에는 릴리쿰 자체 일정을 소화할 시간도 필요해서
요일을 지정해 일주일 중 이틀만 이런 식으로 오픈했다. 멤버들이
올 시간에 맞춰 문을 열고 맞이할 준비를 했다. 어떤 날엔 종일
기다려도 아무도 오지 않았다. 릴리쿰은 출퇴근 시간이 정해진
직장 개념보다는 각자 스케줄에 따라 자유롭게 다녀가는
작업실이었기에 이런 날이 반복될수록 힘이 빠졌다. 운영자와
마찬가지로 사용자 입장에서도 평일과 주말 중 하루로 시간을
정하고 개인 일정을 그 시간에 맞추기가 쉽지 않았을 것이다.
조금 더 열어보기로 했다. 아예 요일에 상관없이 언제고 올 수
있도록 완전 개방형으로 바꾸었고 우리 스스로도 공간을 지켜야
하는 부담에서 자유로울 수 있었다.
　　멤버십 프로그램으로 개인의 역사와 재능이 다양한
사람들을 만날 수 있었다. 그중 어떤 멤버들과는 공동 프로젝트를
이어가기도 했다. 한번은 연남동의 어느 카페로부터 비디오
부스 디자인과 제작을 의뢰 받았다. 기존에 있는 기술을
조합하는 일이었지만 처음으로 각각 그래픽디자인, 제품디자인,

UX디자인이라는 경력을 가진 릴리쿰 운영진과 당시 릴리쿰 멤버십 이용자가 함께 참여하면서 만든 이를테면 '융합 프로젝트'였다.

서로 다른 분야에 몸담은 사람을 만나게 되는 일 자체로도 특별한 즐거움이었다. 릴리쿰 내 소모임인 '전자공학도'에서 처음 만난 태호 님은 커피 볶는 일과 스윙댄스를 즐기는 명랑한 사람이다. 동시에 분자생물학을 전공한 비범한 컴퓨터 프로그램 개발자이기도 하다. 릴리쿰의 시작을 알린 크라우드펀딩 후원자로 시작해서 멤버십으로 활동을 이어간 수아 님은 수작업에 관심이 많은 비주얼머천다이징VMD 디자이너다. 수아 님은 릴리쿰 맛보기의 네 가지 종목 중에서도 실크스크린 작업에 관심을 갖고 멤버십으로 참여하다가 실크스크린 전문 작업실로 옮겨 제작 활동을 이어갔다. 직접 디자인한 에코백, 파티용 가랜드, 배지, 컵코스터 같은 작품들을 릴리쿰에서 익힌 실크스크린 기법과 레이저커팅으로 만들어 핸드메이드 박람회에서 선보였다.

이런 이들만 릴리쿰을 찾은 건 아니었다. 무언가 만들어보고 싶지만 어디서부터 어떻게 접근해야 할지 막연해하는 사람들도 있다. 처음 멤버십 제도를 구상할 당시에는 무언가를 스스로 만들어본 경험이 있고 계속해서 제작 활동을 이어가고 싶은 사람을 대상으로 삼았다가, 입문자들을 만들기의 세계로 초대하는 것도 이 공간의 임무이리라 생각했다. 그래서 탄생한 것이 '릴리쿰 맛보기'다. 릴리쿰이 다른 제작 공간과 차별점이 있다면 공예기법 제작 같은 아날로그 제작 도구와 3D프린터 같은 디지털 제작 도구를 두루 사용할 수 있다는 점, 장르 불문 영역 불문 활동이 가능하다는 점이다. 우리가 갖춘 장비에 따라 대표적인 만들기 장르 네 가지를 추렸다. 도자, 목공, 실크스크린 판화, 레이저커팅이다. 매주 한 가지씩 기술 지식을 간단하게 수업한 뒤 직접 제작을 체험하는 4주짜리 만들기 프로그램을 꾸렸다. 만들기 경험이 거의 없지만 여러 장르에 관심이 많은 만들기 입문자들을 위해 준비한 과정이다. 말 그대로 릴리쿰에서 작업할 수 있는 각 장르 '체험판'이다.

맛보기라는 이름은 릴리쿰 세 멤버가 고급 기술을 가지고 있지 않았기 때문에 나온 이름이기도 하다. 세 명 모두 각자 일해온 영역과 릴리쿰에서 해보려는 만들기 영역이 달랐다. 다만 일생의 많은 시간을 한 가지 종류의 만들기에 헌신한 전문 장인은 아니더라도, 나름대로 체득한 목공이나 실크스크린 같은 기술의 경험과 노하우가 있었다. 이를 다른 이들에게 알려주고, 문제가 발생하면 함께 해결하는 기회로 삼기로 했다.

4주 구성 중 한 주는 왕초보 목공 수업. 각자 도마를 만들면서 안전 교육부터 나무의 종류와 성질, 적용에 대한 짧은 이론을 듣고 요령이 필요한 수공구 사용법, 마무리 샌딩과 오일링 작업까지 전 과정을 직접 경험하는 프로그램이었다. 목공뿐 아니라 만들기에 쓰이는 기계장비들은 우리도 가끔

무섭게 느껴진다. 이런 장비를 처음 접하고 겁먹은 참가자를
안심시키면서도 주의를 주는 일이 쉽지는 않다. 제작 현장은
만드는 행위 외에도 놓치지 말아야 할 중요한 사항들이 곳곳에
산재해 있다. 숙련된 작업자라면 이것들을 동시에 인지하는
예민한 안테나가 발달해 있다. 안전에 관해서는 특히 그렇다.
이름 앞에 '파워'라고 붙은 장비들은 정말 '파워풀'하다. 조금만
주의를 놓치면 한순간에 돌이킬 수 없는 사고가 일어난다.
이를테면 각도절단기는 피자 한 판 크기만 한 전동 원형 톱날이
1분에 5천 번 회전한다. 이런 목공 장비를 초보자와 함께
다루는 일은 새로운 경험을 마주하는 흥분을 끌어내면서 주의를
팽팽하게 집중해야 하는 일의 교집합이다.

　　왕초보 목공 수업에서 모두에게 규격이 같은 목재를
제공했음에도 저마다 다른 비례미와 표면 마감을 선택해 개성
있는 도마들을 탄생시켰다. 좁고 긴 날렵함 또는 정사각형의
귀여움은 자신만의 로고나 글자를 각인한 후 오일로 윤기를
내 마무리하자 더욱 빛이 났다. 그때 본 도마의 아름다움은 한
가지 사물로 사람을 판단하는 것은 성급한 오판이라는 점을
감안하더라도, 물건을 넘어 만든 사람 한 사람 한 사람을 더
깊이 들여다보게 되는 경이로움을 선사했다. 그런 날들이 쌓여
릴리쿰에도 어떤 에너지가 채워졌다. 사람들로부터 저마다 다른
삶의 흔적을 듣게 되는 것이나, 각자 가져와 나눠 먹던 먹을거리
역시 맛보기 프로그램에서 만난 추억이다. 예상을 뛰어넘는

참신한 작품이 나올 때면 역으로 우리에게 자극이 되고 배움이
되었다.

맛보기 프로그램은 릴리쿰의 함께 만들기 활동에 불을
지피고 자양분을 쌓는 도움을 주었지만 딜레마도 있었다. 네 가지
다른 장르의 만들기를 한 달 안에 괜찮은 가격으로 모두 체험할
수 있다는 점이 참가자에게는 큰 장점이었겠지만, 운영하고
진행하는 입장에서는 여간 벅찬 일이 아니었다. 일주일에 한 번
하는 수업에 준비 작업, 마무리 작업을 더하면 작업 시간이 두세
배로 늘어나는 일이 보통이었고, 참가자들의 열의에 시간 가는 줄
모르고 함께 작업하다 보면 그 순간은 즐겁더라도 어느새 체력은
소진되었다. 노동량 분배뿐만 아니라 배움을 나누는 일에 가격을
얼마나 책정할지 하는 문제 역시 쉽지 않았다. 재료비와 서울
시내 번화가에 위치한 공간에 지불하는 월세, 최소한의 인건비
등을 고려하여 책정하면 가격은 훌쩍 뛸 수밖에 없다. 가능한 한
부담 없는 비용으로 만들기의 장벽을 낮추어 누구나 참여하기를
바라는 마음에 '나라면 이런 프로그램에 이 정도 가격이면
머뭇거리지 않고 지불하겠다'라는 모호하고 순진하기까지 한
가격대를 결정했더니, 오히려 "이래도 유지가 돼요?" 하며
걱정하는 참여자도 있었다.

몇 달 운영한 끝에 결국 맛보기 프로그램은 잠정 휴지기에
들어갔다. 릴리쿰 같은 공간을 찾고 관심을 가지는 사람들의
성향이나 소비 패턴, 소비력과 실제 운영에 필요한 비용의 현명한

접점이 되는 가격대를 어떻게 맞추고 유지할지 고민이 필요했다.
화폐로 변환해서 느끼는 가치는 참여자마다 다르겠지만 이것은
맛보기 프로그램뿐 아니라 다른 워크숍을 기획할 때도 늘 해야
하는 고민이다.

그럼에도 초대는 멈추지 않았다. 맛보기 프로그램이나
멤버십 외에도 함께 하고 싶은 제작 활동 아이디어가 떠오를
때면 불쑥 초대장을 내밀었다. 이러한 실험의 연속에 늘 함께한
'사람들'이 있었으며 그 '관계들'이 릴리쿰의 시간 속에 쌓여갔다.

함께 만드는 일은 즐겁다. 혼자 하는 만들기에는 집중하고
몰입할 수 있다는 장점이 있다면 함께 하는 만들기는 그 자체로
상호적인 놀이가 된다. 함께 만들면 각자가 경험하고 발견한
노하우를 자연스레 공유할 수 있을 뿐 아니라 만드는 방식과 그
배경도 같이 고민할 수 있다. 목적지를 정해두고 만들기를 하는
것과는 다르다.

언젠가 돋보기 렌즈와 거울을 이용해 스마트폰용
프로젝터를 만든 때처럼, 누군가 자신이 아는 광학 지식을
이야기하기 시작하면 그냥 한번 만들어보는 일에 그치지 않고
평소엔 멀게만 느껴지던 그 주제를 함께 생각하게 된다. 각자의
관점이 모여서 풍요로운 담론이 되기도 하고 때로는 각자의
지혜가 만나서 새로운 아이디어로 연결되기도 한다. 그래서
릴리쿰은 '만들기'로 사람들을 초대한다. 이것은 우리 스스로 이
활동을 즐겁게 지속할 수 있는 장치를 다지기 위해서기도 하다.

만드는 방식을 만들기

첫차 타고 헤어지는 심야실크

직접 읽어보진 않았더라도 누구나 한번쯤 들어는 봤을 법한
《심야식당》이라는 만화가 있다. 원작이 큰 인기를 끌어 드라마와
영화, 뮤지컬로도 만들어졌다. 심야식당의 무대는 도쿄 한복판
뒷골목, 간판도 없는 밥집이다. 자정에 문을 열어 이른 아침
일곱 시까지 영업한다. 저마다 사연을 가지고 살아가는 외로운
사람들이 하나둘 모여 이 가게의 주인이자 셰프인 마스터나 다른
손님들과 관계를 맺으며 전개되는 이야기다. 우리가 아는 일본
정서와는 달리 만화 속 인물들이 타인의 삶에 관심을 품고 서로
간섭하는 모습은 인간적이고 정이 있다.
한국인 고유의 정서라고 하면 대개 '정'을 떠올리지만 같은

행동도 요즘은 오지랖이라고 여겨질 때가 많다. 관심과 간섭을
구별하지 못하는 사람들 탓에 정이라는 의미가 퇴색했다. 간혹
'외딴 시골이나 조용한 소도시 변두리에서 월세 걱정 없이 작업할
수 있다면 좋지 않을까?' 상상하다가, 잉여를 간판으로 내건
릴리쿰이 서울 도심에 자리 잡은 의미를 생각한다. 2천만 명이
엮여 돌아가는 대도시에 살면서 우리는 전혀 낯선 타인에게
얼마나 마음을 열어 보일 수 있을까? 근본적으로는 물리적
거리를 각자 확보할 수 있어야 하겠지만 비좁은 공간 안에서 엉켜
살아가는 우리에게 필요한 것은 매너와 배려하는 마음, 여유일
것이다. 릴리쿰이 서울의 인구 밀도를 줄일 수는 없지만 만들기를
매개로 만남을 주선할 수는 있을 것 같다.
    어느 날 우리는 언제나처럼 급작스럽게 워크숍
계획을 세웠다. 심야에 '오버나이트 실크스크린 워크숍'을
해보자는 아이디어가 나왔고, 그 자리에서 공지 포스터를
만들었다. 실크스크린을 배우되 심야식당 버전으로 해보자는
계획이었다. 금요일 저녁에 모여 작업을 시작하기 전에 따뜻한
연어감자수프와 갓 구운 빵을 먹고, 각자 준비해온 도안으로
직접 샤(올이 가는 천) 틀을 제작하고 시간이 허락하는 대로 종이와
천에 수공으로 인쇄하다가, 첫차가 다니는 시각이 되면 귀가하는
구성이다. 사실 수줍음이 많은 우리는 막상 그렇게 워크숍
공지를 포스팅하고 나서 어떤 사람들이 모일지, 혹여 서먹해서
몹시 진지하게 밤새 작업만 하다가 헤어지는 건 아닐지, 음식은

계획대로 맛있게 나올지 걱정을 떠안은 채 시간을 보내야 했다. 참가자들이 어떤 조합이 되느냐에 따라 엠티가 될 수도 있고, 정말 '밤샘 작업'이 될 수도 있을 터였다. 우리가 바라는 가장 이상적인 모습은 그 중간쯤이었다. 낯선 장소로 떠난 엠티 같은 분위기에서 밤새 어울릴 기회는 대학 졸업 후 거의 없었다. 만들기와 새로운 관계 맺기에 갈증을 느끼는 사람이 있다면 우리처럼 이런 분위기를 매우 반길 것이었고 실크스크린을 좋아한다면 금상첨화였다. 예상이 들어맞았는지, 아니면 공간이 크지 않아 소수만 수용할 수 있기 때문이었는지, 모집 공고를 발행한 지 불과 몇 시간 만에 정원 열 명이 다 찼고, 그 사실만으로도 우리는 흥분했다.

실크스크린은 공판화 기법 중 하나로 현재까지 산업 현장에도 남아 있는 몇 안 되는 전통 제작기법이다. 도안을 준비하고 샤틀을 짜서 감광액을 발라 건조시킨 다음, 필름 도안을 올려놓고 빛에 노출한 후에 씻어내면 잉크가 지나갈 공간이 뚫린다. 완성된 틀 아래에 종이나 천을 대고 호흡을 골랐다가 한번에 힘차게 스퀴저라는 누르개로 눌러 내리면, 실크 샤 조직을 통과한 잉크가 종이나 천 위에 묻어 인쇄가 되는 원리다. 심야 실크 참가자 중 실크스크린 경험자는 두세 명뿐, 그 외에는 나들 초보사였다. 느리고 번거로운 과성에 모두 숨소리도 죽여가며 집중했다. 한 사람씩 밀어낸 인쇄물이 성공적으로 찍혀 나올 때마다 모두가 자기 일인 양 함께 탄성을 지르곤 했다.

작업 중간 커피와 작업 현장에서 구운 달달한 시나몬롤로 쉬고,
어묵탕 야참으로 연료를 또 부으며 작업열 타오르는 밤을 지샜다.
생각보다 너무 작업에 열중한 나머지 워크숍이 참가자들의
기대에 얼마나 부응했을지 소감도 묻지 못한 채 바삐 헤어져야
했다. 그리고 몇 달 후 참가자 중 한 명이 쓴 감상문을 온라인
진에서 발견하게 되었다.

"이 심야 워크숍은 아주 전문적이지도 아주 효율적이지도 않았지만, 이 늦은
시간에도 뭔가를 배워보겠다는 사람들이 있고 그들을 품을 공간이 있으며
그렇게 함께 밤을 새워 뭔가를 만들어본다는 진귀한 경험을 하게 해주었다."

뜨거운 제작

'뜨거운 제작'이라 이름 붙인 릴리쿰의 첫 번째 정식
프로젝트에는 만드는 방식에 대한 릴리쿰의 고민을 담았다.
'쓰임을 위한 만들기를 넘어 재료를 이해하고 물건을 연구하는
방식으로 만든다', 이렇게 정의하고 나니 이 정의에 맞는
만들기가 과연 무엇인지 모호했다. 그렇다면 '재료를 이해하고
물건을 연구한다'는 말을 실행하면서 만들어보면 될 일이었다. 늘
그렇듯 시작은 야심 찼다. 크라우드펀딩 사이트에 릴리쿰 공간의

시작을 알리면서 '뜨거운 제작' 실험을 함께할 참가자를 모으고, 되도록 각기 다른 장르의 만들기를 경험한 지원자들을 기다렸다. 릴리쿰이 겨울에 오픈한 직후 두 달 동안 '뜨겁게 만들기로 월동하자!'고 선동한 결과 특이하고 다양한 사람들이 모였다.

광고기획을 본업으로 하면서 틈틈이 앞으로 10년은 금속공예를 배울 계획이라는 보람 님, 그래픽디자이너이자 책을 만드는 이태원 이웃사촌 현수 님, 가야금이 전통적으로 어떻게 만들어지는지 배워온 수정 님, 실과 천으로 소소한 것들을 만들며 글 쓰는 작가 유정 님. 이들과 매주 한두 차례 릴리쿰에서 만나 저마다 만들기란 어떤 의미가 있는지, 재료와 물건에 대한 고민을 어떻게 풀어갈지 이야기했다. 이런 만남도 이런 시도도 모두 처음이었기에 이 프로젝트로 무언가를 만들었다기보다는 프로젝트 자체를 함께 만들었다.

우리가 처음 한 것은 카드놀이였다. 재료에 해당되는 여러 가지 단어들, 물건에 해당되는 여러 가지 단어들을 적은 카드를 만들었다. 게임하듯 무작위로 두 가지를 조합하는 식으로 시작했다. 엠티나 술자리에서 종종 하는 '주술목 게임' 혹은 '문장 만들기 게임'과 비슷한 방식이다. 예를 들어 재료 목록에는 종이, 실, 소금, 나무 같은 단어들이 있고, 물건 목록에는 의자, 저울, 문, 목걸이 같은 단어들이 있다. 무작위로 재료 카드 중에서 한 장, 물건 카드 중에서 한 장을 뽑는다. 그러면 예를 들어 소금과 목걸이, 나무와 카메라, 고무줄과 맷돌 같은 조합이 된다. 그럼

소금으로 목걸이를 어떻게 만들지, 나무로 카메라를 만드는 방법이 뭐가 있을지를 생각해보고 말한다. 고무줄로 맷돌 만드는 방법이 떠오르지 않으면 재료든 물건이든 원하는 단어가 나올 때까지 계속 뽑아 영감이 떠오르는 연상을 탐색한다. 이렇게 번갈아 카드를 뽑고 카드를 뽑은 사람이 먼저 연상을 하고 다른 사람이 생각을 보태는 식으로 재료와 물건의 경계 혹은 접점을 상상한다.

　카드 놀이에 이어서 이번에는 해킹이다. 계산기, 디지털 저울, 우산, 에코백, 일회용 카메라처럼 일상에서 흔히 보는 사물들을 해킹한다. 익숙한 사물이라 해도 뚜껑을 열어보면 난생 처음 보는 부속품들이 가득하다. 이것들을 하나하나 찾아보고 가격도 알아본다. 디지털 저울 안에는 로드셀이라는 일종의 무게 센서가 있다. 그런데 로드셀만 사려면 완제품인 저울보다 더 비싼 값을 지불해야 한다. 이게 어떻게 가능한 일일까. 우리는 애니 리오날드의 《물건 이야기》와 유튜브 영상을 함께 보고 값싼 물건에 매겨진, 가격에 포함되지 않는 다른 비용들을 생각했다. 이런 토의와 고민으로 몇 주를 보내고 각자 프로젝트를 시작했다.

　보람 님은 해마다 제주 사려니숲길에서 담아온 소리와 카메라가 기억을 담는 도구라는 점에 착안해 지칠 때마다 숲의 소리를 재생해 들을 수 있는 손바닥만 한 재생기를 만들기로 했다. 작은 정육면체 형태를 금속과 도자로 실험해보고 소리재생기를 연구하게 되었다.

유정 님은 우산의 형태가 빛에 따라 어떻게 공간을 재생산하는지 관심을 갖고 흙과 종이로 3D스케치해 형태가 만들어내는 그림자들을 관찰했다. 나중에는 노끈과 형형색색 실을 가지고 접힌 우산의 형태를 이어갔지만 구조를 잡는 골격의 설계가 쉽지 않아 보였다.

현수 님은 문이라는 단어에서 시작해서 공간의 구분을 규정하는 벽이자 소통하는 통로로서 문을 생각하고 존재하지만 보이지 않는, 보이지 않지만 존재하는 것에 대한 이야기로 풀었다. 흑백으로 'VISIBLE(보이는)', 'INVISIBLE(보이지 않는)'이라는 단어를 투명 아크릴 위에 실크스크린으로 인쇄하고 조명의 여부에 따라 각각 다른 단어가 드러나는 방식이다.

수정 님은 고무밴드와 나무젓가락을 이용해 텐세그리티tensegrity(구조물의 미는 힘과 당기는 힘이 균형을 이룬 상태)라는 건축 원리를 연구하다 줄과 악기라는 주제에 안착했다. 빈 캔, 나무 각재, 여러 가지 줄을 이용해 구조물을 만들고 줄의 개수와 팽팽함에 따라 달라지는 소리를 실험했다. 6개월 후 수정 님은 칠석에 맞춰 '칠칠맞은 음주가무'라는 이름으로 워크숍과 즉흥 연주회를 열었다. 참가자들이 맥주 한 캔을 가져오면 함께 마시고 캔의 빈 공간을 울림통 삼아 한 줄 악기one-string instrument를 함께 제작해 줄의 재료와 각재의 길이, 캔의 크기에 따라 만들어지는 제각기 다른 소리들을 감상했다. 제작 워크숍이 끝난 후 가야금 연주자 경소 님의 연주도 들을 수 있었다. 처음 보는 악기인 수정

님의 작품을 이리저리 손끝으로 탐색하며 기운을 느끼던 모습을 잊을 수가 없다. 그녀가 현을 퉁길 때마다 울려퍼지던 공기의 진동은 때론 강렬하게 때론 고요하게 울려퍼져 그때 그곳에 있던 이들의 마음을 뭉클하게 했다. 고무줄과 맷돌이라는 키워드만 가지고 시작했던 제작이 줄의 긴장을 이용한 악기로 탄생하고 그 악기가 사람의 마음을 감동시키는 연주에 쓰이게 될 줄은, 이 프로젝트를 시작하면서 아무도 예상하지 못했다.

조심스럽게 하나하나 앞으로 나아갈 듯했던 프로젝트는 계획보다 훨씬 길어졌다. 대부분 직장인이라 시간을 충분히 써서 작업에 흠뻑 빠지기도 어려웠다. 손노동으로 뜨겁게 불사르리라 계획했던 열정은 더운 여름이 되어서야 미지근하게 식어가 수정님의 워크숍 이후 프로젝트는 어영부영 마무리되었다. 마무리에 대한 아쉬움은 남지만, 우리에게 익숙한 목적 지향적 만들기가 아닌 맥락과 과정 자체를 들여다봄으로써 만들기의 대상이 확장되는 것을 보았다.

'뜨거운 제작' 프로젝트를 마치고 우리는 이런 새로운 만들기의 방식들을 계속 이어서 시도해야겠다고 결심했다. 우리의 제한된 사회적 환경 안에서 유용하고 의미 있는 만들기 방식을 찾아내고 그 경험들을 나누는 것이 어쩌면 우리가 남길 수 있는 나름의 발자취가 되리라고 여겨졌기 때문이다.

땡땡이를 공작하다

"그러니까 신성한 것은 목적 지향적 행위의 날이 아니라 무위의 날, 쓸모없는 것의 쓸모가 생겨나는 날인 것이다. 그날은 피로의 날이다. 막간의 시간은 일이 없는 시간, 놀이의 시간으로서 본질적으로 염려와 노동의 시간이라고 할 수 있는 하이데거의 시간과도 구별된다."

-한병철, 《피로사회》

놀면서 만들고 만들면서 논다

고등학교 때 자율학습을 빠지고 친구들과 당일치기 여행을 떠나거나, 하다못해 야간 자율학습 시간에 교문 앞 떡볶이를 사 먹으러 나가던, 땡땡이 좀 치던 때를 떠올려본다. 이런 기억들은 단순히 그땐 참 즐거웠지 하는 향수를 불러일으키는 것 이상으로

땡땡이를 공작하다

151

중요한 경험으로 남아 있다. 나름의 자유를 탐닉했던 짜릿함 때문이다. 땡땡이는 일종의 일탈이다. 일탈은 '자율적 놀이'라는 점에서 중요하다. 반복되는 일상의 의무로부터, 자신에게 주어진 데서 벗어나 무엇이 더 필요한지 환기하는 일이다.

2011년, 쓸모와 상관없이 '만들면서 노는' 행위가 필요하다고 생각하는 사람들이 모였다. 시작은 좀 달랐다. 사회문제를 함께 이야기하고 해결 방법을 제안하는 소셜디자인 그룹을 만들어보자는 취지로 열두 명이 모였다. 한 달에 한두 번 모여 '사회가 필요로 하는 것'이 무엇인지 고민하며 몇 개월 동안 나름 의미 있는 뜬구름을 잡아보려 했다. 하지만 시간이 가면서 모임은 흐지부지해졌다. 결국엔 네 사람이 남게 되었고, 남은 사람들은 그때부터 사회에 필요한 것 이전에 '나에게 필요한 것'이 무엇인지 터놓고 이야기했다. 그러자 모임이 변하기 시작했다.

'내 삶이 어떻게 달라지길 원하는가?'

무겁지만 단순한 이 질문을 거듭한 끝에 모인 답은 '놀이'와 '스스로 만들기'였다.

우리는 우리의 상태가 '놀이의 부재'라고 진단했다. 왜 우리의 노동은 이렇게 힘들까? 예술가처럼 살고 싶지만 생계를 위한 노동과 고용 불안에 시달리는 현실은 어떻게 감당해야 할까? 왜 우리는 좀 더 잘 놀 수 없을까? 노는 것이 일이 되거나 일이 놀이가 될 수는 없을까? 금기처럼 느껴지거나 현실도피처럼 한심한 생각이라고 핀잔을 들을 만한 질문이었는지도 모른다. 그만큼 솔직한 이야기가 시작됐다.

'놀지 않고 일만 하면 바보가 된다'는 서양 속담이 있다. 인간의 삶에 놀이라는 요소가 중요함을 강조하는 말이다. 여기서 '논다'는 말은 일하지 않는 상태, 단지 몸이 쉬고 있는 상태를 뜻하는 것이 아니다. 즐거움의 추구를 본질로 하는 자발적인 행동 또는 몰입 행위를 뜻한다. 놀이가 중요하다는 말로는 부족하다. 놀이는 인간의 본성에 내재한 그 무엇이기 때문이다. 인류를 호모 루덴스Homo Ludens, 놀이하는 인간이라고 정의한 역사학자 요한 하위징아는 놀이에 대한 폭넓은 사유를 펼쳤다. 그는 인류의 모든 문화에 놀이의 요소와 형식이 있다고 보았다. 놀이가 법률, 시, 철학, 예술, 정치 같은 문명으로 구체화되었음을 논증한다. 그가 지적한 또 한 가지 흥미로운 사실은 공동 노동이 주로 이루어졌던 농경 사회에서는 일과 놀이가 어우러졌다는 점이다. 근대에 이르러 자본가들이 노동 생산력을 높이기 위해 일터에서 놀이의 요소를 제거하기 시작했다. 규격화된 제품을 만드는 공장에서 생산 속도를 높이려면 일하는 사람들이 신명 날 필요가 없다. 아니 노동자가 신명이 나서 일하든 울상을 짓고 일하든 경영자는 관심을 두지 않는다. 노동자의 손이 정확한가 정확하지 않은가, 빠른가 느린가, 이것만이 고려 대상이다. 그렇게 놀이는 일과 생활로부터 철저히 분리되기 시작했다.

동물도 인간도 놀면서 자연스럽게 에너지를 발산한다.

놀이는 가장 자유로운 행위다. 누구나 더 질 좋은 놀이를 즐길 권리가 있지 않을까. 삶을 더 아름답고 자유롭게 하는 놀이의 가치를 회복할 필요가 있지 않을까. 우리는 좀 더 당당하게 우리 사회에 이런 '놀이 정신'이 필요하다고 말하고 싶었다. 네 사람 모두 창작을 하고 싶어 하고, 손으로 직접 만드는 데 관심이 많은 사람이었다. 어떤 놀이가 필요한지 오래 고민할 필요가 없었다. '만든다는 것'은 폭넓은 의미로 보자면 인간 행위의 본질이다. 만들기를 좋아하지 않는다고 할 사람이 있을까. 그렇다면 본질이라는 면에서 만들기와 놀이는 동의어가 될 수 있다.

그러나 만들기 또는 제작이라고 하면 대개 지나치게 진지해지는 경향이 있다. 절실히 필요한 것, 더 나은 생활 조건을 만드는 것, 더 지속 가능한 것을 설계하는 일이라고 생각하게 마련이다. 사회에 도움이 되는 디자인을 하자고 모였던 사람들이 흩어진 이유도 결국 너무 진지하고 어렵게만 생각했기 때문이다. 내면을 들여다보면 우리에게 가장 친근한 만들기는 바로 '놀이로서 만들기'일 것이다. 만드는 행위에 담긴 본연의 속성, 즉 만들기의 기쁨을 즐기는 만들기 말이다.

그렇게 우리 활동명은 '땡땡이공작'이 되었다. '놀면서 만든다', 동시에 '놀이를 공작한다'는 중의적 의미를 담았다. 만들면서 놀고, 이 활동이 자립의 방법이 되는 사례를 만들고 싶었다. 노동 중심 구조에 갇힌 삶에서 탈출하기, 쓸데없는 생산에 몰두하기. 우리는 각자 미션을 가지고 무엇이 될지 모르는

놀이 경험을 새로운 업으로 연결해보자는 무모하고도 희미한
결의를 다졌다.

전략도 경험도 없이 무작정 시작된 실험이었다. 해본 적
없는 작업을 기획한다, 직접 만들어보면서 논다, 사람들을 초대해
같이 논다, 이것이 실행 계획의 전부였다. 좌충우돌하면서
준비한 첫 번째 워크숍은 레고와 간단한 전자회로를 결합하는
만들기였다. 워크숍 첫날, 진행은 어설펐지만 서른 명 가까운
성인들이 모여 레고와 LED를 만지작거리며 즐겁게 놀았다. 그
모습을 보며 생각했다.

'우리 생각이 틀리지 않았나 보다.'

그렇게 여러 가지 제작 기술과 놀이를 결합하는 DIY
워크숍을 시도하는, 땡땡이 종족 찾기 또는 종족 번식을 위한
여정이 시작되었다.

쓸데없는 것의 힘을 안다

활동을 시작하면서 우리는 나름의 선언문을 써보기로 했다.
땡땡이공작 활동의 목적과 의미를 압축한 두 가지 메시지를
'땡땡이 선언'에 담았다.

땡땡이선언.1
우리는
놀면서 만들고
만들면서 논다.

땡땡이선언.2
우리는
쓸데없는 것의
힘을 안다.

우리는 놀면서 만들고 만들면서 논다.

우리는 쓸데없는 것의 힘을 안다.

놀면서 만들고 만들면서 논다는 것은 땡땡이공작이 만들어진 과정 자체였으므로 여기서는 두 번째 선언에 언급한 '쓸데없는 것의 힘' 얘기를 덧붙이려 한다.

인터넷 커뮤니티나 SNS를 즐기는 사람이라면 '쓸데없지만 고퀄이다', 더 줄여서 '쓸고퀄'이라는 표현을 접한 적이 있을 것이다. 누리꾼들은 특별한 소용, 목적이 없음에도 과하게 정교하거나 완성도가 높은 결과물을 봤을 때 이런 표현을 '찬사'로 쓰곤 한다. 인터넷 놀이 문화 중 하나인 정교한 이미지 합성이나 패러디 제작은 대체로 이런 '쓸고퀄'을 지향한다. 그 연장선에 있는 맥락에서 '덕력', '잉여력'이라는 말을 쓴다. 장난스럽게 느껴지는 이 은어들은 현 세대의 문화를 이해하는 중요한 키워드다.

'덕력'은 일본어 '오타쿠'를 우리말처럼 만든 조어 '오덕후'에서 파생된 말이다. 70년대 일본에서 나타난 오타쿠는 애니메이션 등을 즐기는 독특한 문화를 가진 팬층을 가리키는 단어다. 그런데 오타쿠 기질을 가진 사람들이 보여주는 비범한 몰입도, 창의력이 그 분야의 생산적인 변화를 만드는 원동력으로 평가받기 시작했다. 이제 오타쿠는 좋아하는 사물이나 존재, 분야에 심취해 집요한 탐구 능력을 펼치는 사람을 일컫는 표현으로 폭넓은 영역에서 쓰이는 말이 되었다. '한 우물을 판다'는 표현처럼 덕후들은 자기 영역의 깊은 세계로 몰입한다. 덕력이 높을수록 어떤 분야에 할애한 시간이 많고 그만큼 지식도 경험도 많기 때문에, 덕력은 잠재적인 능력이나 소양을 가리키는 말이다.

'잉여력'은 남아도는 시간과 에너지의 분량을 말함과 동시에 이것을 활용하는 능력을 내포하기도 한다. 놀이의 근원이 남아도는 에너지를 발산하는 행위라는 점을 생각하면 쓸데없는 것을 지향하는 잉여력은 놀이의 진정한 의미, 본질을 추구하는 본능이라 말할 수 있다.

이런 잉여력과 덕력을 제대로 발산해보자는 생각에서 우리도 일을 벌였다. '야매공작'이다. 미셸 공드리 감독의 영화 〈비 카인드 리와인드 Be Kind Rewind〉를 보고 아이디어를 떠올렸다. 영화의 줄거리는 대략 이렇다. 주인공은 어느 날 친구가 일하는 비디오 가게의 비디오테이프를 다 지워 못 쓰게 만드는 사고를 친다. 그리고 이 사고를 수습하겠다고 직접 소품과 의상을 만들어 허접하지만 나름대로 그럴듯하게 영화 장면들을 재현해 가짜 영화들을 찍은 다음, 이 비디오테이프를 손님들에게 버젓이 대여한다. 이들은 〈고스트 버스터즈〉를 시작으로 직접 찍은 가짜 비디오를 내여하는 네 새미를 붙인다. 심지어 이 비디오들은 지역민 사이에서 흥행하기에 이른다. 미셸 공드리의 작품들은 화려한 촬영 기법이나 컴퓨터그래픽 대신 손맛 나는 '크라프트'

장치가 많다는 매력이 있다. '야매'지만 소시민들이 DIY로
원본보다 더 재기발랄하게 영화를 만들어내는 영화 속 장면들이
인상적이었다.

'우리도 직접 워크숍을 열어 영화를 찍자!'

야매는 무자격자라는 뜻이다. '야매공작'은 어린 시절 집에
돌아다니던 한약방 이름이 적힌 보자기를 어깨에 둘러 슈퍼맨이
되거나 나뭇잎에 흙과 돌멩이를 가지고 만찬을 차려내던
소꿉놀이처럼, 주변의 허섭스레기들을 모아 무용한 것들을
만들어보자는 취지였다. 우리는 제주도를 영화의 배경지로
정하고 '허접허섭 구멍가게 블록버스터 제작'을 목표로 이런
쓸데없는 놀이에 응할 사람들을 모집했다. 그런데 사람들이
모였다.

박찬욱 감독을 좋아한다는 영화학도, 철학을 전공하는
대학생, 자발적 임시 백수로 열심히 노는 중인 연기 경력이 있는
바리스타, 부산에서 여행 온 요트 제작자, 영화 만들기가 아니라
스태프 뒷바라지를 위해 참여한 듯 현지 스태프 수준으로 도움을
준 '달수군 카페'의 달수 군, 야매공작을 위해 서울에서 제주까지
내려온 현장 체질 기획자, 생애 두 번째 영화 연출에 나선
'카나리픽처스' 대표 까나리 존스와 특수효과 기술 지원을 위해
섭외한 기계공학자 성수 님, 여행 중에 즉석으로 합류한 분당
장어 가게 실장님까지.

우리는 1박 2일 동안, 쓸데없는 생산에 비범한 감각을

실크 스크린으로 직접 제작한 땡땡이공작 소개지

지닌 이들과 아름다운 제주 바다 앞에서, 어색한 분위기를
제주 막걸리에 섞어 마시면서 잉여로운 에너지를 발산하는
데 집중했다. 〈고스트 버스터즈〉 장면들을 '야매 영화'로
재탄생시키려고 들인 공은 굉장했다. 소품 만들 재료를
확보하려고 고물상에 가서 쓸 만한 재료들을 뒤지고, 태풍을 피할
만한 촬영 장소를 헌팅하려고 제주도를 반 바퀴 넘게 돌았다.

유령에게 습격당한 도시는 레고블록으로 세웠다. 농약
뿌리는 통과 제습제 망, 과자 상자를 꾸며서 영화 속 '고스트
버스터즈'의 장비들을 하나씩 만들었다. 유니폼은 은색으로
반짝거리는 앞치마, 유령 잡는 트랩은 은박지를 씌운 상자였다.
먹깨비 유령은 초록색 풍선에 얼굴을 그려 넣고 바람을 불어넣어
만들었다. 그렇게 만들어진 소품과 우스꽝스러운 의상을 몸에
걸치고 진지하게 촬영에 임하다가도, 다들 키득키득 터져 나오는
웃음을 참지 못했다. 노을이 막 물들기 시작하는 협재 해변에서
하얀 셔츠를 뒤집어 쓴 유령이 냅다 달리면 이상한 옷차림의
무리가 유령을 잡으러 여행자들 사이를 파고들며 신나게 달렸다.
그 뒤를 카메라를 든 땡땡이들이 쫓아갔다. 불어오는 바닷바람에
웃음이 뒤섞였다. 한 차례 광풍 같은 웃음이 지나가고 난 뒤, 물이
빠진 해변의 축축한 모래밭을 함께 걸었다. 바다를 뒤덮은 붉은
노을을 바라보며 쓸데없음에 열광하고 있는 이 순간을 오랫동안
곱씹고 기억하게 될 것이라고 예감할 수 있었다.

사람들은 갓난아이의 몸짓이나 표현이 무슨 뜻인지

해석되지 않아도 몸짓과 표정 자체를 받아들인다. 어린아이가
노는 데 열중하는 것은 당연하다고 여긴다. 하지만 아이는
자랄수록 사회 구성원으로서 살아가기 위해 합리성과 목적성을
기준으로 사고하도록 훈련받는다. 어른이 되면 '무목적성',
쓸데없음은 비생산적이라고 여긴다. 비생산적인 것은 바람직하지
않다고 생각한다. 그러나 아리스토텔레스는 "자연은 우리에게
일을 잘하기를 바랄 뿐만 아니라 잘 빈둥거리는 것 또한
바란다"고 말했다. 고대 그리스의 자유민에게 빈둥거리는 것은
일보다 나은 행위였으며 그 자체가 모든 일의 목적이었다. 우리는
이제 그런 가치관을 따라서는 생존할 수 없는 구조 안에서 살고
있다. 그러나 그러면서도 마음속 깊은 곳에서는 놀이의 즐거움을
찾아내려고 한다.

 땡땡이공작이 지향하는 놀이의 즐거움은 소비 활동으로
편리하게 얻어지지 않는다. 하위징아는 예술 작품을 창조하고
생산하는 과정에 필연적으로 놀이 정신이 깃들게 된다고 했다.
쓸데없는 것에 주목하는 시간, 익숙한 것들을 낯설게 보는 시간,
정신과 두 손을 자유롭게 움직여 무언가를 만드는 시간은 최고의
빈둥거림이 될 수 있다. 어른이든 아이든 마음속에 있는 '놀이'의
가치를 되살리는 것은 내 삶의 주인으로 살아갈 힘 그리고 보다
건강하게 성장할 수 있는 환경으로 연결된다. 스스로 놀이의
방법을 발견하는 잉여 짓, 자기 자신을 깨우는 놀이가 필요하다.

수리할 수 없다면 소유한 것이 아니다

첫 번째 땡땡이공작 워크숍을 끝낸 후 멤버들끼리 모여 앉아
다음 행보를 이야기하고 있을 때였다.

"아이폰 자가 수리를 해볼까?"

한 멤버가 문득 꺼낸 말에 모두 귀가 솔깃해졌다. 아이폰은
배터리가 기기 안에 내장되어 따로 분리되지 않는 폐쇄성이 강한
기기다. 그런 아이폰을 뜯어본다고? 단단한 자물쇠로 잠겨 있고
'열지 마시오'라고 적힌 상자를 열어보는 일일 것만 같은 기분에
흥미가 돋았다. 이런 사람이 우리만은 아니어서 참고할 만한
친절한 자료들도 온라인에 공개되어 있었다. 한번 해보자 마음을
먹었다. 시작은 그리 어렵지 않았다.

일단 쓰지 않는, 즉 망가져도 부담이 없는 아이폰 3Gs
기기를 구하기로 했다. 수소문 끝에 최근에 기종을 변경한

지인을 찾았고 그의 옆구리를 찔러 쓰지 않는 기기를 받았다.
그렇게 실패할 자유를 확보했다. 아이폰을 해체하는 데 필요한
준비물은 규격에 맞는 드라이버와 헤어드라이어, 작은 고무
흡착판이 전부였다. 상세하게 설명된 사이트를 노트북 모니터에
띄워놓고, 한 단계 한 단계 그대로 따라 했다. 먼저 충전 케이블과
연결하는 잭 양 옆의 작은 나사를 푼다. 흡착판을 LCD 액정의 홈
버튼 부위에 고정한다. 손끝으로 흡착판을 잡고 힘을 주어 들어
올린다. 조심스럽게 액정을 아래쪽부터 들어 45도 기운 상태까지
연다. 그러면 내부가 서서히 모습을 드러낸다. 이때 카메라 모듈
옆에 위치한, 액정과 본체를 연결하는 리본 케이블들이 접히거나
찢어지지 않도록 유의해야 한다. 3Gs 기종에는 해체 순서를
가리키는 번호 스티커가 각 부품에 붙어 있다. 손톱 끝으로 리본
케이블들이 연결된 플라스틱 탭에 살짝 힘을 줘 번호순으로 들어
올리면 마침내 액정이 기기와 분리된다. 하아. 안도의 한숨이
절로 나왔다. 첫 번째 시도였음에도 해체와 재조립을 성공적으로
마쳤다. 정말로 워크숍을 열어볼 수도 있겠다는 생각이 들었다.

　수택(手澤)이라는 말이 있다. 손이 자주 닿는 물건에
물건을 쓰는 사람 손때가 남아 윤기가 생기는 것을 말한다.
같은 물건이라도 소유한 사람의 손이 닿은 시간이 쌓이면서 그
물건만의 가치가 생기고, 이를 소중하게 여기는 마음이 담긴
말이다.

　요즘 넘쳐나는 물건 가운데 정말 오래도록 쓰고 간직해

손때가 묻은 물건이 얼마나 될까. 새로운 모델이 하루가 멀다 하고 쏟아져 나오는 디지털 기기에는 더더욱 수택의 가치를 부여하기 어렵다. 물건을 고쳐서 쓴다는 것 또한 더 이상 익숙한 일이 아니다. 무언가를 직접 고쳐 쓰는 수고를 감당하려는 사람이 많지 않다. 대부분의 사람들이 전문가 또는 서비스 센터에 수리를 맡긴다. 물건이 망가지면 오히려 '홀가분하게' 그것을 버리고, 새 것을 사는 데 익숙하다.

아이폰을 만드는 애플은 제품에 이상이 생겼을 때 '보험'이나 '리퍼'라는 개념을 적용한다. 쓰던 기기를 수리해주는 대신 무상으로 다른 기기로 교환해주는 시스템이다. 이 또한 앞에서 말한 계획적 진부화 중 하나다. 제품의 설계뿐 아니라 서비스 정책까지 소비를 강요하는 구조가 되어가는 것이라고 할 수 있다. 적지 않은 돈을 주고 구입한 전자기기들은 정갈한 포장 박스에서 우리 손을 거쳐 불과 2, 3년 사이에 쓰레기통에 처박히고 만다. 이후에는 폐기물의 세계화라는 운명을 타고 아프리카 가나의 아그보그블로시, 인도의 델리, 중국의 구이유에 있는 전자 쓰레기 매립장으로 보내진다. 생이 끝나도 쉽게 사라질 수 없는 디지털 폐기물들이 세계 곳곳에서 유해 물질로 뒤덮인 거대한 피라미드를 이루고 있다.

아이폰 자가 수리를 위해 참고한 아이픽스잇ifixit.com에는 몽키스패너를 꼭 쥔 다부진 손이 그려진 그림과 함께 '수리 선언문Repair Manifesto'이라는 글이 실려 있다. 그 내용에 우리 모두

반하지 않을 수 없었다.

자가 수리 선언문

우리는 아래의 진실들이 자명함을 선언한다.

수리할 수 없다면 소유한 것이 아니다.

수리는 재활용보다 낫다: 우리가 가진 물건들이 오래 지속되도록 하는

것이 원재료로부터 그 물건들을 만드는 것보다 효율적이고 비용 면에서

효과적이다.

수리는 지구를 지킨다: 지구의 자원은 한정되어 있으며 우리는 선형적인 생산

공정을 영원히 유지할 수 없다. 이미 가지고 있는 것을 재사용하는 것이 가장

효율적이다!

수리는 돈을 절약한다: 수리하는 것은 대개 무료이고, 새로 사는 것보다

저렴하다. 스스로 수리하면 적잖은 땡전을 절약한다.

수리는 공학을 가르친다: 무언가가 어떻게 움직이는지 알아내는 가장 좋은

방법은 그것을 분해하는 것이다!

수리할 수 없다면, 소유한 것이 아니다.

수리는 사람과 기계를 연결하고 소비를 초월하는 연결을 형성한다. 자가

수리는 지속 가능하다.

수리는 우리와 물건들을 연결한다.

수리는 개인을 강화한다.

REPAIR MANIFESTO

WE HOLD THESE TRUTHS TO BE SELF-EVIDENT

IF YOU CAN'T FIX IT, YOU DON'T OWN IT.

REPAIR IS BETTER THAN RECYCLING
Making our things last longer is both more efficient and more cost-effective than mining them for raw materials.

REPAIR SAVES YOU MONEY
Fixing things is often free, and usually cheaper than replacing them. Doing the repair yourself saves you money.

REPAIR TEACHES ENGINEERING
The best way to find out how something works is to take it apart.

REPAIR SAVES THE PLANET
Earth has limited resources. Eventually we will run out. The best way to be efficient is to reuse what we already have.

REPAIR CONNECTS PEOPLE AND THINGS | **REPAIR IS WAR ON ENTROPY** | **REPAIR IS SUSTAINABLE**

WE HAVE THE RIGHT:

TO DEVICES THAT CAN BE OPENED | TO CHOOSE OUR OWN REPAIR TECHNICIAN | TO NON-PROPRIETARY FASTENERS

TO REPAIR DOCUMENTATION FOR EVERYTHING | TO REMOVE 'DO NOT REMOVE' STICKERS

TO REPLACE ANY & ALL CONSUMABLES OURSELVES | TO TROUBLESHOOTING INSTRUCTIONS & FLOWCHARTS

TO REPAIR THINGS IN THE PRIVACY OF OUR OWN HOMES | TO ERROR CODES & WIRING DIAGRAMS | TO AVAILABLE, REASONABLY-PRICED SERVICE PARTS

BECAUSE REPAIR IS INDEPENDENCE SAVES MONEY & RESOURCES | REQUIRES CREATIVITY | MAKES CONSUMERS INTO CONTRIBUTORS | INSPIRES PRIDE IN OWNERSHIP

IFIXIT   JOIN THE REVOLUTION WITH IFIXIT.COM

수리는 소비자를 참여자로 변화시킨다.

수리는 자랑스러운 소유를 고취한다.

수리는 영혼을 불어넣어 물건을 특별하게 만든다.

수리는 자립이다.

수리는 창의력을 요구한다.

수리는 친환경이다.

수리는 즐겁다.

수리는 우리의 물건들을 이해하는 데 필수적이다.

수리는 돈과 자원을 절약한다.

우리의 권리

제품을 열고 수리한다고 해서 품질 보증이 무효화되지 않을 권리

기기를 열어볼 권리

에러 코드와 배선도

문제해결 지침과 순서도

모든 것에 대한 수리 문서를 작성할 권리

수리 기술자를 선택할 권리

'뜯지 마시오' 스티커를 뜯을 권리

자기 집에서 물건을 수리할 권리

모든 소모품을 스스로 교체할 권리

수리를 위해 전용 공구가 필요 없는 하드웨어

합당한 가격에 수리 부품을 구할 권리

'수리 선언문'은 일종의 저항 운동이다. 끊임없이 소비하도록 설계된 시스템을 거스르자는 행동이자, 대신 물건의 수명을 연장하고 사물을 다루는 능력을 기르자는 행동이다. 동시에 직접 행동하는 환경 운동이기도 하다. 특히 '우리의 권리'를 차근히 생각할 필요가 있다. 물건에 대한 우리의 권리는 구조적으로 차단되어 있다. 이를 되찾는 일은 개인의 힘만으로는 역부족이다. 연대가 필요하다. 우리는 자가 수리 워크숍을 치르며 전에는 생각지 못했던 이런 문제들을 의식하기 시작했다. 또 잘못되었다고는 느끼지만 다른 선택으로 나아가지 못하고 '관찰'에 머무는 것과 조금이라도 다른 선택을 직접 행동에 옮기는 '개입'의 차이를 경험했다. 살면서 사용하는 모든 물건에 '개입'하기는 어렵겠지만 적어도 이제는 유행에 뒤처진다는 이유로, 할부가 끝났다는 이유로 멀쩡한 기계나 물건을 새것으로 바꿀 수는 없게 되었다.

이런 다짐을 지지하는 사람이 있다 하더라도, 지지하는 것에 비해 직접 실행하기란 여러 가지 이유로 훨씬 어렵다. 워크숍에 대한 호응은 생각보다 컸고 감사하게도 많은 사람이 공감과 응원을 드러냈으나, 직접 자가 수리를 해보겠다는 (사)용자는 잘 나타나지 않았다. 그렇게 두 번째 워크숍이 요란한 빈 수레가 되는가 싶었을 때 기다리던 '용자'들이 나타났다. 기대보단 적은 인원이었지만 예정대로 워크숍을 열었고, 그 사이 아이폰 3GS 해체와 조립의 마스터가 된 멤버의 일대일 강의로 참여자 두 명

모두 성공적으로 직접 수리를 해냈다. 걱정 반 기대 반으로 꽤 공을 들여 준비했기에 워크숍 과정과 결과 모두 대만족이었다.

거기서 끝내기엔 아쉬웠다. 우리가 열어본 것은 아이폰 3Gs뿐이었다. 우리에겐 아이폰4, 4s가 아직 미답의 영역으로 남아 있었다. 마치 판도라의 상자를 연 것처럼, 또 다른 아이폰을 뜯어보고 싶어졌다. 4, 4s 기종은 당시 신형 모델이었기 때문에 남는 기기 구하기를 기대하기란 불가능했다. 남는 기기는 없었지만 쓰는 기기는 있었다. 당시 멤버 중 두 사람이 아이폰4와 4s를 쓰고 있었다. 각자 자기 아이폰을 뜯어보기로 했다. 날을 잡고 저녁 일곱 시쯤 만나 작업을 시작했다. 이전 기종과 달리 신기종들은 촘촘히 모듈화된 구조여서 액정을 교체하려면 전체를 다 해체해야 하는데다, 정말 깨알같이 작은 나사로 조립되어 있어 어떤 나사는 조일 위치를 잡는 데만도 수십 차례 시도가 필요했다. 완전히 해체했다가 재조립하기까지 여섯 시간 정도가 걸려 작업을 마쳤을 때는 이미 자정을 넘긴 시각이었다. 정말 기나긴 시간을 거쳐 해체와 재조립을 끝낸 후 전원 버튼을 누른 절정의 순간, 이럴 수가. 태양이 불타는 듯한 처음 보는 패턴이 화면에 뜨는 게 아닌가. 재조립하면서 민감한 LCD와 디지타이저 케이블 부분이 살짝 접혀 화면이 고장 난 것이었다. 그렇게 액정 하나를 망가뜨렸다. 하지만 가장 중요한 실패의 이유를 배웠기에 다음 번 자가 수리 워크숍에서는 다행히 같은 실수를 반복하지 않고 참가자의 자가 수리를 도울 수 있었다. 전화는 불통인 채로

그렇게나 긴 시간이 가는 줄도 모르고 주변인들의 걱정을 사가며 멀쩡한 아이폰을 뜯었다 조립했다 하고 있었던 걸 생각하니 지금 생각해도 웃음이 난다.

아이폰 최신 모델이 우리가 처음 열어본 3Gs에서 이제 6s로 바뀌었을 만큼 시간이 흘렀다. 그동안 우리가 했던 작은 시도들이 실상 어떤 변화를 만들어낸 것 같지는 않다. 하지만 우리에게 그러했듯이, 지금 이 글을 읽는 당신에게도 저 '우리의 권리'가 작지만 유의미한 변곡점이 될 수도 있지 않을까. 자, 수리는 우리와 물건들을 연결시켜준다.

만들기라는 공유지

함께 만드는 행위는 관계를 낳는다. 또 그 관계 덕에 만드는 행위는 더 자라고, 또 다른 만드는 행위로 이어진다. 밀착되어 있건 느슨하게 이어져 있건, 함께 한 가지 프로젝트를 하건 각자 만들되 공유를 하건, 제작 공동체라는 존재는 고립되지 않고 서로 귀 기울이며 살아가는 힘이 된다. 누구나 자기 삶의 주인공이라는 말이 있다. 그렇다면 누구에게나 내 이야기를 들어주고 내 모습을 바라봐줄 관객이 필요하다. 땡땡이공작 활동은 기술을 자유롭게 향유하는 상태를 지향하면서 모든 과정이 놀이가 되도록 하려는 활동이었다. 이 모든 과정이나 결과를 다른 이들에게 기꺼이 공개해 관객을 만들고 싶었다. 또 누군가가 그런 과정과 결과를 나누고 싶어 하면 기꺼이 관객이 되어주었다. 누군가는 끼리끼리 놀고 그걸 자기들끼리 보는 게 무슨 의미가 있느냐고 물을 수도 있겠다. 그러나 우리는 믿었다. 이런 쓸데없는 짓들이 더 많이 보이고 더 응원받는다면, 그 중력으로 더 많은 사람을 이 세계로 끌어당길 수 있다고. 릴리쿰에서 벌이는 실험들이 끝내 실패로 끝날지라도 또 모여 다음 작당을 모의하는 것 역시 8할은 관객의 힘이었다.

메이커 페어와 메이커 운동의 시초가 된 〈메이크〉 매거진을 만든 데일 도허티^{Dale Dougherty}는 말한다.

"우리 모두가 만드는 사람들이다."

만들기는 특별한 사람이 가진 특별한 능력이 아니다. 인간이라면 누구에게나 내면에 만들고, 바꾸고, 새로운 것을 상상할 수 있는 '메이커 본능'이 살아 있다. 그렇기에 메이커 문화의 공식은 자신의 잉여력을 밑거름 삼아 자기만의 나무를 키우고, 거기서 거둔 열매와 씨를 또 다른 이들에게 나누는 것이다. 이 새로운 제작자 문화는 '그들만의 리그'에 머무르지 않는다. 누구나 만드는 사람이 되기를 갈망한다. 종족 찾기의 여정에서 만난 사람들은 우리를 기꺼이 맞아주었고, 이들과 관계를 맺었기에 생산과 자립에 대한 릴리쿰의 실험은 골방 속 실험이 아니라 함께 뛰노는 축제가 될 수 있었다.

나는 연

여름이 다가오던 2012년 6월, 생활에 유용한 콘텐츠를 만들어 공유하는 '생활생산자 모임' 사람들을 초대해 안면도로 갔다. 그곳에서 땡땡이공작의 네 번째 워크숍 '쓸데없는 고퀄리티: 나는 연' 프로젝트를 열었다. 연날리기와 무선통신 기술을 접목해 연을 날리는 사람이 연과 교신하는 거창한 그림을 그리면서 시작한 워크숍이었다. 땡땡이공작 활동을 시작하기 전에 대학원에서 매체를 해석해 예술의 재료로 삼는 뉴미디어아트를 연구했기에 자연스럽게 기술-매체-제작 행위가 연결되는 실험들을 구상했다. 여러 가지 프로젝트 중에서도 '나는 연'을 기획했던 이유는 당시 '핫'해지기 시작했던 쿼드콥터, 드론 같은 새로운 비행 기계들을 보며 느낀 감정으로부터 비롯되었다. '비행 물체'라는 것은 엔지니어링 면에서 아주 매력적인 장치일 뿐만 아니라 사람의 감정을 자극하는 서정적인 오브제이기도 하다. 하지만 쿼드콥터를 처음으로 직접 본 느낌은 어쩐지 위험한 것에 가까웠다. 무거운 DSLR 카메라를 장착한 채 아슬아슬 공중으로 떠오르는 뾰족하고 날카로운 기계의 움직임은 위태로워 보였다. 이 위태로운 비행체 대신 오히려 내가 만들어보았던 단순하고 유연한 형태의 비행 물체인 종이 비행기, 고무 동력기, 연, 풍선 같은 것들을 떠올렸다. 그리고 종이로 만든 비행 물체와 통신을 한다면 어떨까 하는 상상에 이르렀다.

워크숍 준비는 직접 연을 만드는 일부터 시작했다. 키트로
파는 연을 사서 만들어보고 한지, 대나무 등 재료를 직접 마련해
가오리연과 방패연을 여러 차례 만들었다. 방패연은 가오리연에
비해 훨씬 만들기 어려웠다. 장인이 손수 만든 연을 사서 따라
만들어보면서 만드는 법을 익혔지만 연의 날개 부분이 네 귀를
향해 팽팽해지도록 만들기가 여간 쉽지 않았다. 막상 연을
만들었으나 날리는 일도 쉽지 않았다. 처음에는 도심 한복판
골목에서, 그다음에는 한강시민공원에서 연날리기를 시도했다.
그때마다 바람 없는 날만 계속되고 연날리기라기보다는 '연 들고
달리기'가 되기 일쑤였다. 그동안 한강에 놀러 가면 연이 날리는
장면을 종종 봤건만, 직접 해보니 연날리기가 이렇게 어려울
줄이야. 우리는 연을 날릴 만한 적당한 장소가 필요하다는 생각에
이르렀다. 인천 선재도와 을왕리 해변, 안면도 꽃지 해변까지
답사인지 여행인지 모를 여정들을 거쳐 이윽고 무선통신 실험도
시작했다. 하지만 막연한 생각과 달리 연에 무선통신 모듈을 달아
띄운기란 불가능해 보였다. 배터리 부분을 아무리 최소화해도
모듈 무게가 만만치 않았고, 그게 가능하다 해도 연의 구조상
무게 중심을 잡기가 쉽지 않았다. 헬륨 풍선으로 대체해서
무선통신 모듈과 배터리를 달아 띄울 수는 있었지만, 무선통신
기술 자체가 짧은 시간 안에 익히기에는 어려운 부분이 많았다.
정해진 날짜는 다가오고, 생각했던 기술 실험 준비는 채 완성되지
않았다.

그럼에도 불구하고 연을 날리겠다고 열댓 명이 꽃지 해변으로 여행을 떠났다. 함께 둘러앉아 연을 만들면서 어릴 적 기억들을 더듬기도 하고 연에 자기만의 그림을 그려 넣어 누구 연이 더 멋진지 논쟁에 빠지기도 했다. 숙소에서 15분 정도를 걸어 해변으로 나가는데, 갖가지 색의 연을 손에 든 성인 무리 행렬은 썩 유쾌한 장면을 연출했다. 오후 세 시쯤 꽃지 해변에 도착하자 그동안 했던 사전 답사가 무색하게 연은 바다에서 불어오는 바람을 타고 저절로 날기 시작했다. 얼레에 감긴 실을 다 풀면 길이가 약 백 미터인데, 손끝에서 일어나는 1센티미터의 흔들림이 실과 바람을 타고 만 배나 멀리 있는 연에 닿아 움직임을 바꾸는 모습이 마치 연과 내가 서로 통신하는 듯한 느낌을 주었다. 연날리기가 '바람을 만지는' 듯한 경험이었다는 참가자의 말처럼 모두가 자기 손끝의 감각에 몰입했다.

그날 저녁을 먹으며 생산이라는 주제와 연결된 비슷한 고민들을 나누면서 서로를 더 알아가는 시간을 보냈다. '나는 연' 워크숍에 초대한 '생활생산자 모임'은 삶에서 소외된 주체적인 생산 활동을 회복하는 데 관심이 있거나 관련 활동을 하는 사람들이 모여 활동을 격려하고 공유하는 모임이다. 우린 활동에 대한 의견을 공유하고 아직 상상에 머물고 있는 앞으로 하고 싶은 일들을 한껏 터놓고 이야기했다. 놀이와 만들기, 잉여 짓, 팅커링, 생산, 자립, 일 같은 공통의 키워드가 하나의 언어로 만났다. 아릿하게 취하게 만드는 알코올 기운 때문이었는지 '종족 찾기'라는 이상이 그 자리에서 어렴풋하게나마 현실화되는 듯 느껴졌다.

놀다 지쳐 창작하는 삶, 노닥노닥

'어슬렁'은 오래전부터 CCL creative commons license (저작물 이용 표시. 저작물의 이용 방법에 관한 일종의 표준 약관) 운동을 해온 활동가다. 공간과 재화, 정보 등을 공유하는 삶의 방식과 창작 활동에 관심이 많다. 어슬렁은 자가 수리 워크숍에서 만난 후로 땡땡이공작의 활동을 응원하고 적극 참여하며 든든한 지지자가 되어주었다. 그해 여름이 지나기 전 어슬렁이 서교동에 작업실을 구했다는 소식을 전해 들었다. '노닥노닥 스투디오.' 그런데 개인 작업 공간을 다른 사람들에게도 열어 공유 창작 공간으로 쓰는 실험을 시작한다고 했다.

'노닥노닥'의 운영 방식은 신선했다. 공간을 주도적으로 사용하고자 하는 사람들에게 공동 운영자 권한을 주고 출입문 비밀번호를 공유한다. 공동 운영자가 되면 공간에서 모임을 열거나 사람들을 초대할 수 있는 권한을 가진다. 동시에 공간을 관리할 책임도 생긴다. 공간을 사용할 때는 온라인으로 모임의 사용 용도와 일정을 미리 밝히면 된다. 개인이 임대한 공간을 모두가 같은 권한으로 나눠 가진다. 가장 큰 권한을 가지고

조율하는 사람 없이 필요가 겹치는 사람끼리 자율적으로
조정하도록 내버려둔다. 왜 이런 방식을 선택할까? 신뢰, 소통이
작용할 거라는 믿음 없이 이런 실험을 시도할 수 있을까? 나라면
이런 식으로 타인을 믿을 수 있을까? 궁금한 질문들이 생겼다.

　　사람들이 모이는 공간인 만큼 소모되는 자원을 사용하는 몇
가지 규칙도 적용했다. 종이컵이나 일회용 젓가락은 쓰지 않았다.
배달 음식을 주문할 때도 나무젓가락은 빼달라고 말하는 수고를
잊지 않았다. 종이 사용을 줄이려고 이면지로 노트를 만들어
썼다. 테이블, 의자, 소파는 대개 인근에 버려진, 그러나 멀쩡한
가구를 주워다 썼다. 길거리에 버려진 가구를 보면 긴급 연락망을
가동해 사람을 불러모아 힘을 합쳐 옮겼다. '노닥노닥'을
사용하거나 방문하는 사람들에게는 사용료 대신 휴지, 선풍기,
프린터, 수건 등 '보급품' 리스트를 만들어 공유한 후 자율적인
기증을 받았다.

　　고치고 싶은 물건이나 안 쓰는 전자기기를 해체해서 다른
쓰임으로 만들어보는 해킹 모임을 열거나, 현수막을 재활용해서
커튼을 만드는 작업을 하면서 우리는 '노닥노닥'을 드나들었다.
우리 말고도 새로운 사람들이 계속 찾아왔다. 드로잉 모임,
손뜨개 모임, 코딩 스터디 모임, 악기 연주 모임, 컴퓨터 음악
모임 등 정말 다채로운 창작 모임이 그 안에서 펼쳐졌다. 이
활동들을 월별, 분기별로 돌아보기도 하고 개개인의 다음 창작
목표도 잡아보면서 노는 '노닥데이'도 열렸다. 그리고 모든

드나듦이 온라인에서 활발하게 공유되었다. 자유롭게 개개인의 창작 욕구를 펼치고 응원받는 공유지의 가치를 발견한 사람들이 '좋아요'로 호응했다.

늘 멤버들 집이나 카페를 오가며 작업하던 우리는 그해 겨울부터 아예 '노닥노닥'으로 작업 도구와 재료들을 옮겨 작업실로 썼다. 프리랜서거나 일과 다음 일 사이의 숨을 고르는 중인 자발적 백수거나 일인 사업가가 많은 '노닥인'들의 특성상 모임이 끝나면 각자 일상으로 돌아가는 여느 커뮤니티보다 훨씬 더 많은 시간을 함께 보냈다. 약속을 잡고 가거나 미리 알고 가지 않아도 그곳에 가면 반드시 누군가가 있었다. 우스갯소리로 '여긴 마을 청년회관 같다'고 할 만큼 늘 사람이 있는 공간이었다. 그러다 보니 서로의 일상에 가까워진 생활 공동체처럼 지내기도 했다.

이듬해 3월 '노닥노닥'에서는 '꽁냥꽁냥공작'이라는 이벤트를 열었다. 한 공간에 모여 저마다 가지고 있는 도구를 공유하면서 각자 만들고 싶은 것을 만들어보는 행사였다. '서교 페이크 페어^{Seokyo Fake Fair}'라는 부제는 석 달 후에 열릴 '서울 메이크 페어^{Seoul Maker Faire}'를 패러디해 우리끼리 꽁냥거려보자는 취지로 지어 붙인 이름이다.

'노닥노닥'에 보급된 이먼지 포스터에 실크스크린으로 행사 포스터를 찍고, 색종이를 이어 붙인 가랜드를 달아 축제 분위기를 더했다. 고프로 카메라를 장착한 자전거 헬멧을 쓰고 돌아다니면서 작업이 진행되는 과정을 영상으로 담았다. 작업자 열댓 명이 아침부터 저녁까지 만들기에 몰두했다. 폐CD로 만든 미러볼, 이면지 노트, 양모 펠트 인형, 자전거 신호등을 위한 아두이노 프로그래밍, 나무 박스……. 그렇게 만들어진 작품들을 줄 세워놓고 맘에 드는 작품 앞에 '깨'를 부어주는 인기투표로 하루를 마무리했다. 3개월 후, 그때 그 사람들이 모여 서울에서 두 번째로 열린 메이커 페어에 참여했다.

　여름 햇살이 강렬했던 2013년 6월 '노닥노닥'에서 출동한 세 개 팀 부스가 대학로 건물 옥상 한쪽에 나란히 자리 잡았다. 메이커 페어는 개인이 만든 작품을 가지고 나와 전시하는 성격의 행사다. 관람객들은 작품을 관람하거나 워크숍에 참여하는 형태로 메이커들을 만난다. 각 부스에는 말을 어디로 옮길 수 있는지 표시해주는 양모 인형 체스판, 이젤 뒷다리로 만든 두 줄짜리 베이스와 카메라 케이스로 만든 전자기타, 자작 빔프로젝터, 종이로 만든 '공작 소'가 전시되었다. 공작 소는 땡땡이공작을 '땡땡이공작소'로 오인하는 사람들이 많았다는 사실에서 착안해 만든 장난스러운 작품이었다. 종이로 접은 소와 공작의 꼬리 모양을 붙여 만든 공작 소 위에 직접 만든 빔프로젝터로 땡땡이공작 활동 영상들을 투사했다.

　그때를 떠올리면 제일 먼저 '열기'가 생각난다. 우린 이틀에 걸쳐 위로는 뙤약볕, 아래로는 옥상 지면에서 올라오는 반사열을 그대로 흡수했다. 전시 때문에 내내 켜둔 빔프로젝터는 열기를 견디지 못하고 메인보드가 두 번 다운되었다. 그 뜨거움 속에서 연주하고 노래하고 대화하며 이열치열했던 우리들의 열기는 무엇이었을까.

'노닥노닥'은 이런 뜻이다. "조금 수다스럽게 자꾸 재미있는 말을 늘어놓는 모양." 어슬렁이 이 뜻으로 작업실 이름을 지었는지는 모르겠다. 그러나 릴리쿰이 겪은 '노닥노닥 스투디오', 그리고 릴리쿰에 딱 들어맞는 말이다. '노닥노닥'을 가리켜 마을 청년회관 같다던 어느 멤버의 말처럼 사람들이 모이고 다른 사람의 제작 활동을 기웃거리고, 모르는 것이나 내가 가지지 못한 것을 요청하고 흔쾌히 내주는 것. 그러면서 모여서 함께 뭘 할 수 있을지 도모하고, 실현한다.

'꽁냥꽁냥'은 사전에 아직 오르지 않은 말이다. 그래도 이 말을 들으면 누구나 떠올리는 느낌은 비슷할 것이다. 거창하지 않고 단출하게, 단단하지 않고 부드럽게. 메이커 운동, 메이커 문화가 지향하는 바와도 많이 닮은 말이다. 거창하고 단단한 무언가가 아니라 나에게 재미있는 것, 나에게 필요한 것을 스스로 만드는 소박한 힘이다. 그 힘은 함께 모여 기꺼이 관객이 되어줄 때, 넌지시 초대하고 초대받으며 곁을 내줄 때, 그러면서 노닥거리고 꽁냥거릴 때 조금씩 중력처럼 서로를 끌어당긴다.

기술을 이해한다는 것

기술을 이해한다는 것은 사실 우리를 둘러싼 세계, 자연을 이해하는 일과 다르지 않다. 실제로 우리에게 자연이란 이미 기술로 점철된 기계들에게 자리를 내준 인공 환경에 가깝다. 기계비평가를 자처하는 이영준 교수는 2006년 발간한 《기계비평》에서 기계와 인간의 관계에 질문을 던진다. 그는 근대 이후의 인간은 대부분이 '기계인간'으로 태어나 살아왔다고 말한다. 그의 말대로 기계는 우리의 몸과 정신, 무의식에도 깊숙이 침투해 있다. 기계의 원리와 기술의 근원을 아는 것은 결국 인간을 이해하려는 노력일지도 모른다.

페트병에 담긴 생수를 사 먹는 편리함을 누리면서 생산 과정이나 버려지는 페트병의 처리 과정을 생각하지 않을 수 없다. 마찬가지로 지금 우리 삶을 지탱하는 많은 첨단 기술의 이면을 들여다본다면 어떨까. 예를 들어 인터넷은 한때 자유와 해방의 공간이었다. 하지만 곧 상업화되었고 자본에 잠식당했다. 누가 감시와 통제의 힘을 쥔 권력자가 되느냐에 따라 그 안에서도 갑을 관계가 발생한다. 자유는 박해당한다.

'프로메테우스 만물상'이라는 기계·디지털 비평 칼럼을 연재해 온 임태훈 씨는 지금의 인터넷 환경이 '가두리 양식장'과 다름없다고 표현한다. 대부분 그물에 갇혀 답답하지만 그것이 그물인지도 모르고, 그물을 찢고 거대한 바다로 나갈 수도 있다는 것을 알 리 없는 물고기 같은 신세. 인터넷이 지금과 다를 수 있다는 생각, 다른 선택이 가능한지 고민해본 사람이 얼마나 될까? 대부분 인터넷의 역사나 구조를 알지 못한 채 제공된 프레임 안에서 서비스를 이용할 뿐이다. 인터넷만이 아니라 일상적으로 사용하는 전자 기술, 기계도 사용법 이상은 잘 알지 못한다. 사실 굳이 더 알아야 할 이유를 못 느낀다는 말이 정확하겠다. 사용자로, 소비자로 살아가기에 너무나 편리해진 시대다.

릴리쿰에서는 2년 가까이 특별한 모임이 진행되었다. '전자공학도'라는 이름의 스터디 모임이다. 구성원 대부분이 전자공학과는 별 관련이 없는 분야에서 일하는 사람들이었지만 전자 기술에 관심을 갖고 있고, 어떻게 작동하는지 이해하고 싶고, 직접 무언가를 만들어보고 싶은 사람들이었다. 내가 스터디를 시작한 이유는 생산자라는 호흡에 관심을 가지고부터

내가 이해하지 못하는 기술과 과학에 느끼는 감정들이
달라졌기 때문이었다. 결정적인 방아쇠는 종로 조명 가게에서
당겨졌다. 릴리쿰에 설치할 조명을 사면서 한 달 전기 사용량을
계산해보다가 혼란을 느꼈다.

　'전구 하나에 40와트시. 그러면 전구 열다섯 개를 여덟
시간씩 켜놓는다고 가정하고 4800와트를 매일 쓴다면, 한 달
동안은 14만 4천 와트……. 음? 조명으로만 전력을 10킬로와트
넘게 쓴다고?'

　전기 가마를 쓰기 위해 증설하기로 한 전기 사용량이
10킬로와트라는 사실이 떠오르면서 순간 머릿속이
어지러워졌다. '그럼 어떻게 되는 거지? 이 계산 맞는 건가?'
갈팡질팡하는 사이 내가 이렇게 전기에 무지한가 싶은 생각이
들었다.

　얼마 후 생활생산자 모임의 이고잉과 태호 님, 두루 님이
전자공학 스터디를 시작했다는 얘기를 듣게 되었고, 릴리쿰
멤버들도 함께 공부를 하기로 했다. 두루 님의 쌍둥이 형제이자
물리학도인 고루 님의 도움을 받아 전자공학의 기초 커리큘럼을
따라가는 방식으로 공부를 시작했다. 교류 전기를 직류 전기로
바꾸는 원리를 회로로 구현해보고 직접 어댑터를 만들어봤다.
옴의 법칙(전류의 세기는 전압에 비례하고, 저항에 반비례한다는 법칙)도
다시 배웠다. 오실로스코프에 출력되는 파형으로 전압의 변화를
직접 관찰해보기도 했다. 전자회로에 자주 쓰이는 소자들,

전자요리 웹사이트를 위해 촬영한 전자요리 콘셉트 사진

트랜지스터, 캐퍼시터(축전기), 연산증폭기의 원리도 공부했다.

　2년 동안 모임을 지속했지만 사실 처음 기대했던 만큼 엄청나게 많은 것을 알게 된 것은 아니다. 학문적 배경도 배움의 방식도 제각각인 멤버들이 모여서 낯선 학문을 효율적으로 공부하기란 쉽지 않았다. 스터디 방식은 고정되어 있지 않았고 이 방법이 나을까 저 방법이 나을까 시도하며 우왕좌왕했다. 먹고 마시고 떠들며 논 시간이 더 많은지도 모른다(사실 그 시간들이 너무나 즐거웠다). 성취는 미약했지만 그럼에도 불구하고 매주 '불금'을 반납하고 전자공학을 이해해보겠다고 모였다. 조명 가게에서 답답함을 느꼈던 불편함만큼 기술을 대하는 자세도 조금씩 달라졌다.

　그렇게 전자공학을 공부했기에 '전자요리' 프로젝트를 진지하게 시작할 수 있었다. 전자요리는 전자 기술을 이해하려는 사람들에게 필요한 기본이 되는 콘텐츠와 제품을 만드는 작업이다. 첫 걸음을 뗀 건 과천과학관의 무한상상실에서 일하던 물고기와 영희 씨가 기울기 스위치를 이용한 워크숍을 함께 준비하면서였다. LED, 빛 센서, 틸트 스위치, 저항. 이런 단어를 들으면 쉽게 생기는 선입견과는 달리 전자부품 하나하나의 원리는 단순하다. 기본 원리만 이해하면 부품 하나도 다양하게 활용할 수 있다. 예를 들어 기울기 스위치는 길쭉한 관 안에 들어 있는 금속 공이나 수은이 부품의 내부에서 움직이면서 각도에 따라 전기를 잇거나 끊는 원리로 작동한다. 이것을 활용하면 물체가 쓰러졌을 때 경고 소리가 나는 회로, 흔들면 빛이 나는 회로 등을 만들 수 있다. 조명을 세우는 각도에 따라 전원을 켜거나 끌 수 있는 색다른 제품을 만들 수도 있다.

똑같은 식재료, 예를 들어 감자, 마늘, 올리브유, 간장, 소금, 설탕을 재료로 각자 요리를 해보라고 하면 저마다 다른 요리를 만들 것이다. 또 재료의 맛과 성질을 잘 이해한 사람일수록 그때그때 알맞은 요리를 쉽게 내오기 마련이다. 전자요리 역시 누구나 마음만 먹으면 자기 입맛에 맞는 요리를 시도할 수 있는 지식이 있으면 좋겠다는 생각에서 만든 프로젝트였다. 사람들이 전자부품을 레고나 어린 시절 만들던 과학상자처럼 쉽게 가지고 놀 수 있으면 좋겠다는 바람도 담았다.

전자 기술의 재료가 되는 기본 소자의 원리를 쉽게 이해할 수 있는 콘텐츠를 만들어 웹에 공유하는 일부터 시작했다. 매뉴얼을 따라 간단한 회로를 만들어보면서 재료의 성질을 익힐 수 있는 '3분 요리' 키트도 제작했다. 최근에는 회로에 쓰이는 기본 재료들을 이해할 수 있는 글과 그림, 간단한 만들기 레시피를 모은 《전자요리 쿡북》을 자가 출판하기도 했다.

앞으로도 전자요리의 활동 목표는 기술 독해력을 기르는 데 도움이 되는 콘텐츠와 제품을 만드는 일이다. 이미 많은 오픈 소스와 오픈 테크놀로지의 혜택을 받으며 살아가고 있기에, 릴리쿰도 다른 사람들이 조금 더 쉽고 즐겁게 다가갈 길을 내는 데 동참하려는 마음이다.

스티브 잡스가 2005년 스탠퍼드 대학 졸업식에서 연설을 했을 때, 마지막을 장식해 유명해진 말이 있다.

"늘 갈망하라. 우직하게$^{Stay\ Hungry.\ Stay\ Foolish}$."

잡스가 청소년기에 탐독했다던 책 〈홀 어스 카탈로그$^{Whole\ Earth\ Catalog}$〉에서 인용한 말이다. 실리콘밸리 히피 문화의 대부로 알려져 있는 스튜어트 브랜드는 1968년에 '도구에 접근하기$^{access\ to\ tools}$'라는 슬로건을 붙여 이 잡지를 발간하기 시작했다.

자급자족, 생태, 대안 교육, DIY, 전체론에 초점을 둔 반체제 잡지였던 〈홀 어스 카탈로그〉, 일명 〈지구백과〉는 새로운 '도구'들을 다룬 유용한 리뷰 카탈로그였다. 책이나 지도, 전문 저널과 같은 정보 도구부터 목수나 석공의 도구, 용접 장비, 산악 신발 같은 특수한 용도의 도구들, 초기 신시사이저와 개인용 컴퓨터까지 다뤘다. 사용자들에게 무엇이 가치 있을지, 그것을 어디에 어떻게 적용할 수 있을지 알려주는 안내서였다.

잡스는 이 책을 '35년 전의 구글'이라고 표현한 적이 있다. 허나 지금 구글이 우리에게 안내하는 세상은 상상하는 것 이상의 기술과 도구로 가득한 카오스처럼 느껴질 때가 많다.

때로는 소비자로 살아가는 것만으로도 버겁게 느껴지는 기술의 진화에 맞닥뜨려 당황하기도 한다. 하루가 다르게 변해가는 새로운 기술과 매체에 삶을 잠식당하지 않기 위해, 우리를 둘러싼 기술을 이해하기 위해 적어도 기술을 두려워하지 않을 능력이 필요하지 않을까. 분명한 것은 조금씩 질문하고 만져보는 것에서부터 시작한다면 새로운 도구에 접속할 수 있는 능력이 감히 넘보지 못할 초능력은 아니라는 사실이다.

물건의 서사

4년 전 여름, 스페인 바르셀로나를 여행 중이었다.
사진으로만 보던 구엘 공원의 타일 조각들은 뜨거운 햇살 아래
정말 형형색색 빛났다. 시각적인 즐거움뿐만 아니라 기대하던
공간에 내가 실재한다는 사실에 형언할 수 없는 기쁨을 느꼈다.
벅찬 가슴을 쓸어내리며 흐뭇하게 공원을 빠져나오다 지역
예술가들의 작업물을 파는 장터를 만났다. 언뜻 봐도 정성스레
한 땀 한 땀 촘촘하게 땋은 매듭 장신구를 파는 스페인인 커플이
우리를 향해 수줍은 웃음을 지어 보였다. 작열하는 6월의 태양
아래 끈소매 옷을 입어 목 주위가 허전하던 차에 내게 어울릴
만한 것이 없을까 하고 매대를 둘러보았다. 첫눈에 마음을 끈
수공예 매듭 목걸이와 팔찌는 지금도 여름마다 내가 선호하는
녀석들이다. 당시에는 여행자의 들뜬 마음으로 충동적으로

구매하기는 했지만 이 물건들을 꺼내 볼 때마다 착용할 때마다,
여행하던 그때의 기분과 그곳의 분위기, 그날의 온도와 바람,
물건을 건네던 사람의 표정과 말투까지도 재생된다. 나의 언어도
그들의 언어도 아닌 말로 이방인에게 더듬더듬 자신의 작업물을
알리던 진지하고 꾸밈없는 눈빛이 생생하다. 오래 간직하는
물건들에는 기억과 관련된 것이 많다. 물건을 꼼꼼하게 관찰하고,
신중하게 소유하고, 기쁘게 사용하는 과정을 거치면 살림이
단순해진다. 대신 사물과의 관계는 돈독해진다.

　　나도 누군가에게 그런 풍요로움을 주는 제작자였을까.
작가이자 판매자로서 사람들을 만나는 일은 정반대 입장에서
서보는 일이다. 한창 도자 작업을 할 때 여러 번 해외 디자인
마켓에 셀러로 참여했다. 작품은 물론 패키지, 명함, 홍보물과
영수증까지 혼자 준비해야 해서 매번 손이 많이 갔다. 한번은
스톡홀름 가구·조명 박람회 디자인 마켓에 판매자로 참여했다.
내가 차려놓은 부스 앞에서 스웨덴 청년이 차 애호가인 여자
친구에게 선물하겠다며 내 작품을 하나하나 신중히 골랐다. 또
뉴욕 디자인 전시에서 만난 체구가 자그마한 중국계 캐나다
여성은 토론토에 있는 자신의 작은 가게에서 소개하기에 적당한
물건을 찾느라 내 부스 앞에 한참이고 서성이다 여러 세트를
구매하며 흥분을 감추지 못했다. 작가로서 이런 구매자를 만나는
일은 큰 기쁨이고 활력이다. 국적도 다르고 생김새도 다 달랐지만
사람들은 애정할 물건으로서 작품을 관찰하고, 눈을 반짝이며

제작자에게 다가와 말을 건넸다. 처음 만나는 짧은 순간이지만
파는 사람, 사는 사람이 아니라 물건을 매개로 자연스럽게 사람과
사람이 연결된다.

소비자와 생산자가 만나는 경험이 생기면 어떤 물건을
더 오래 사용하는 계기가 된다. 누가 만들었고 누가 팔았는지,
언제 어디서 어떻게 샀는지, 이런 이야기가 물건에 담기면
평범한 물건도 특별한 것이 된다. 조너선 챔프먼은 이를 가리켜
'감성적으로 오래가는 디자인emotionally durable design'이라고
말했다. 애착을 형성할 수 있는 디자인이 제품 수명을 자연스럽게
연장시키고, 따라서 생태적으로 유익할 수 있다고 강조한다.

주위를 보라. 대부분의 물건에는 제작자가 드러나지 않는다.
집 안을 구성하는 물건을 찬찬히 둘러봐도 어디서 어떻게
만들어졌는지 알 수 있는 물건은 손에 꼽을 만큼 적다. 매일
사용하는 숟가락과 젓가락, 화장품, 냉장고나 텔레비전 같은
가전, 침대나 의자 같은 가구에 이르기까지 어디서 어떻게 누가
만들었는지, 브랜드가 아닌 메이커, 즉 제작자들은 가려진다.

작은 공방에서 홀로 작업하든 거대 시스템 안에서
노동자로서 제작하든 만드는 일은 수고와 시간을 들이는 일이다.
제작자는 숙련된 기술을 획득하기까지 기술적인 이해에 상상력을
더해 발전시키고 오감으로 정보를 저장하며 지식을 익힌다. 이
과정을 거치며 반복과 연습의 시간이 축적된다. 기술 난이도가
높거나 정밀함의 기준이 높을수록 손으로 재료를 잘 다루기

아기새 크리머, 도요의 제작품

위해 쏟아 붓는 노동량은 커진다. 목공이나 도자, 금속공예처럼
전통적인 재료를 다루며 세련된 손기술을 익히려면 특히 더
반복적인 손노동에서 자유로울 수 없다.

도자에서는 가장 먼저 흙을 반죽하는 방법을 배운다. 점토
안 기포를 제거하고 점력을 높이면 성형 후에 흙이 건조되고
불 속에서 단단해지는 동안에도 갈라지지 않고 잘 견딘다.
흙 반죽도 지역마다 조금씩 방법이 다르지만 그중 대표적인
꼬박밀기는 한 방향으로 점토를 눌러 말아내 흙 속 기포를 빼고
손의 압력이 지나간 자리에 나선형 층이 물결처럼 아름다운
흔적으로 남는 반죽법이다. 당연하겠지만 난생처음 이 기법을
배울 때 좀처럼 뜻대로 되지 않았다. 첫날 손목을 너무 많이 써서
상완까지 근육통에 시달려야 했다. 연습하는 후배들을 지켜보던
선배들은 '손목을 꺾지 말고 허리를 써!'라고 거듭 강조했다.
허리를 쓰라는 말은 몸 전체를 하나의 도구로 만들라는 뜻이다.
몸 자체가 하나의 도구가 되는 것, 이것은 곧 몰입의 시작이다.
뻣뻣하게 몸통 따로 손발 따로 움직이는 것이 아니라 작업물에
얹은 손을 따라 온몸이 흐름을 타야 한다.

다음 단계에서도 마찬가지다. 초보자라면 물레 위에 점토를
올리고 중심을 잡을 때, 빠르고 강력하게만 느껴지는 원심력을
이기지 못한다. 그러면 흙덩이가 흔들흔들 제멋대로 움직이거나,
원심력에 저항하느라 너무 많이 힘을 줘 움켜쥐는 바람에 점토를
잘라먹는다. 힘을 조절하면서 너무 두꺼워지거나 너무 얇아지지

않게 형태를 빚어야 한다. 역시 쉬운 일이 아니다.

물레 작업자를 가만 보면 형태를 빚는 것은 손의 근력만이 아니다. 물레의 중심을 잘 잡으려면 단단한 하체로 흔들리지 않는 토대를 잘 지탱해야 한다. 팔 근육이 약하다면 양 팔꿈치를 겨드랑이에 딱 붙여 몸으로 버텨야 한다. 팔과 다리가 굳건하게 원심력에 맞서는 동안 도공의 턱은 물레 위에서 흙덩어리가 도는 방향을 따라 리듬을 타기 시작하는데 현장에서는 이를 '목 춤을 춘다'고 표현한다. 이 리듬을 따라 손 근육은 힘을 주었다 풀었다 조절이 가능해지고 제작자가 힘을 조절하는 스펙트럼 안에서 작업은 더 정밀해진다. 리듬을 타는 몰입이 작업을 이끈다.

이렇게 만들어진 물건에는 사람과 시간과 과정이 담긴다. 하나의 서사가 된다. 물건에 담긴 이야기는 생명이 길다. 사람의 반복적인 손노동과 그 결과물을 기계가 대체하면 그만인 가벼운 자원으로 여기기보다는 만드는 사람과 만드는 수고, 만드는 시간을 생각하는 공장과 제조자들이 많아지면 좋겠다. 그렇게 이야기가 담긴 제작물이 많아지고, 소비자가 이 이야기를 소비하는 순환이 더 일어나게 된다면 인간과 자본의 불균형을 어느 정도 해소할 수 있지 않을까.

회복하는 만들기

요가에 몰입해본 적이 있다면 알 것이다. 호흡으로 지금
여기에 몸과 마음이 합치되는 집중된 에너지의 위력을 말이다.
평소에는 잘 모르다가 희한하게도 호흡과 아사나(요가 자세)로
수련하는 동안 얼마나 불필요한 긴장을 탑재한 채로 일상생활을
하는지 알게 된다. 긴장이 해소되어 마음이 고요한 상태를
지향하는 요가는 몸과 마음의 신호를 알아채는 과정이며, 그래서
운동이기보다는 수련이다.

요가학자 스와미 싸띠아난다 사라스와띠는 오늘날 문제의
근본은 기아, 빈곤, 마약, 전쟁의 공포 같은 것들이 아니라 바로
'긴장'이라 했다. 싸띠아난다는 긴장이 물리적인 자기 통제뿐
아니라 심리적이고 영적인 자기 통제에도 악영향을 끼친다고
보았다. 우리 몸을 지탱하거나 몸의 일부를 움직여 근력을 쓸

때 긴장은 필요하다. 적당한 긴장은 집중력을 키워준다. 그러나 지속된 긴장은 근육을 피로하게 만든다. 피로하면 근력이 약해진다. 그래서인지 제작자로서 잘하려는 마음, 그 마음으로 애쓰다 보니 긴장의 무게에 눌려 근육들도 덩달아 긴장하고, 힘 조절 능력이 후퇴해 시작도 하기 전에 지칠 때가 있다. 리처드 세넷의 표현을 빌리면 누구에게나 내재된 장인의 자질이 있지만 우리가 실패하는 이유는 다른 어떤 이유보다도 만드는 사람들이 이런 완벽에 대한 강박을 잘 다스리지 못하기 때문이다. 잘 발달한 근육일수록 힘을 빼는 동작이 여러 단계로 세밀하게 나뉘어져 유연함이 생긴다. 마찬가지로 숙련된 제작자라면 힘을 빼고 일을 놓아야 하는 순간을 인식하는 마음 조절 능력 또한 손기술만큼이나 단련되어 있다.

'플레이메이커'라는 행사 기간 중에 어린이를 위한 흙놀이 워크숍을 진행하면서 이런 생각이 더욱 또렷해졌다. 야외 조각공원에서 진행된 워크숍에서 아이들은 도자 흙은 가마에서 구워내야 한다는 재료의 '필연성'을 배제하고, 점토와 주변에서 수집한 나뭇가지, 솔방울, 자갈 등으로 하나의 주제를 스케치하듯 제작하고 잔디밭에 작품을 설치했다. 말랑말랑한 흙이라는 물질의 촉감을 경험하고 여러 재료로 표현하는 데 초점을 맞추었다. 테스트 삼아 워크숍 전에 직접 꼬물꼬물 작업을 해보던 중 순간 갑자기 멍해졌다. '굽는다'는 것만 머릿속에서 지웠을 뿐인데 전에는 경험하지 못했던 자유로움이 느껴졌다. 구워내기

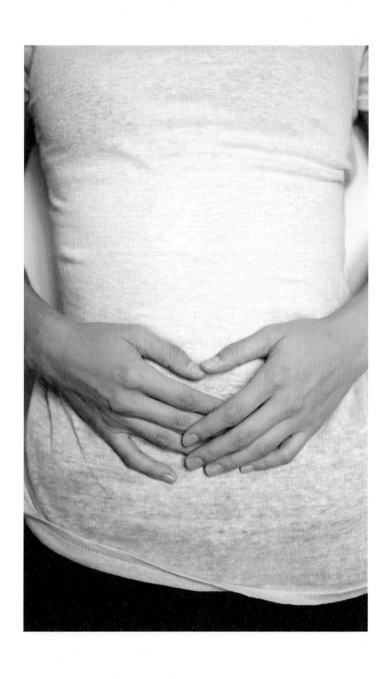

위해 거쳐야 할 단계들을 잠시 잊으니 흙을 주물주물 눌러 만지는
과정 자체를 즐기고 있었다.

'나는 흙이라는 재료로는 반드시 완성된 도자기를 잘
만들어야 한다고만 생각해왔구나!'

그 느낌은 며칠이고 계속 머리와 가슴에 맴돌았다.

작품을 꺼내놓기에 종종 압박을 받는 나와 같은 창작자들이
있다면 그들에게도 이런 시간이 필요해 보였다. 나도
주변인들도(창작자가 아니더라도) 너무 열심히 삶을 잘 살아내려고만
하는 건 아닐까 생각하게 된다. 우리 안에 있는 장인의 자질과
즐거움을 어떻게 되돌려놓을 수 있을까.

자유로운 인간이 시간과 능력을 자본 또는 그 무언가를
얻는 데 자신을 모조리 소진하지 않고 스스로를 위해 남겨둔다는
의미에서 릴리쿰이라는 이름으로 활동하는 것은 여전히 우리에게
의미가 깊다.

가끔 이런 질문을 받는다.

"릴리쿰을 찾는 사람들은 어떤 사람들인가요?"

무엇을 만들어야겠다는 또렷한 목표 의식을 가지고 오는
사람이라기보다는 새로운 경험과 관계에 열린 사람들이었다고
대답할 수 있을 듯하다. 열려 있었기에 모호하지만 무엇이라도
실험하려는 릴리쿰과 만날 수 있었고 시로 가능성을 탐색할 수
있었다. 우리들 그리고 그들은 자신의 내면과 주변에 관심의 물을
주고 계속해서 스스로를 확장해가는 과정에서 서로 끌어당기고

있었다.

현재에 머물지 않고 새로운 것을 배우려는 사람들에게서 발견되는 공통점이 있다. 입문자가 되기를 두려워하지 않는다. 릴리쿰에는 유독 입문자가 많다. 그들은 관심 분야가 다양하고 다른 분야로 뛰어들거나 합치는 일에 호기심이 많을 뿐 아니라, 그런 모험이 주는 동기부여의 힘을 안다. 처음 릴리쿰은 지금보다도 더 엉성하고 미흡했지만 호기심 많은 그들이 창조력을 뿜을 수 있는 즐거운 제작소이자 놀이터였기를 바란다.

실패의 역사

2015년 5월이었다. '청개구리 제작소'로부터 '공간의 생산'이라는 제목의 모임에서 릴리쿰 이야기를 해줄 수 있겠느냐는 제안을 받았다. 릴리쿰 얘기를 듣고 싶다는 제안이 무척 반갑기는 했지만, 무슨 이야기를 어떻게 해야 할지 난감했다. 이 활동을 지속할 수 있을지, 계속한다면 앞으로 방향은 어떻게 잡아야 할지 고민이 많던 시기였다. 제작 공간에 관한 릴리쿰의 실험을 일목요연하게 정리해 전달할 수 있을 것 같지가 않았다. 함께 논의한 끝에 우리는 생각을 억지로 정리하려고 하지 말고, 그간 겪었던 실패의 경험들을 펼쳐놓고 이야기하기로 했다.

'월간 실패'는 아이디어는 나누었지만 계속 작정만 하고 실행하지 못한 프로젝트였다. 제작 과정에서 일어나는 실패

경험들을 매뉴얼로 만들어 독립 잡지나 웹사이트 형태로
공유하는 프로젝트다. 제작에서 실패 사례는 실제로 성공
매뉴얼보다 더 많이 생산될 뿐 아니라 매우 중요한 자원이다.
게다가 실패 사례를 정리하고 공유하는 일은 제작과 관련된
활동에서만 유용한 것이 아니다. 이야기를 나눌수록 개인의 삶과
사회에서의 실패들, 관계에서의 실패들 그리고 그 실패를 담은
기록은 다른 차원의 가치를 지닌다는 공감이 커졌다.

　　우리는 이 아이디어를 다른 형식으로 옮겨 '월간 실패
낭독회'라는 제목으로 이야기를 준비했다. 릴리쿰을 시작한
2013년 9월부터 기억의 시계를 더듬었다. 한 달 단위로 가장
큼직했거나 기억에 남는 일들, 새로운 시도들이 무엇이었는지
정리했다. 그리고 그중 우리의 실패는 무엇이었는지를 담은 월별
제목을 정하고 아담한 판형의 잡지 표지 열여덟 개를 만들어
종이에 출력했다. 릴리쿰 공간을 계약했던 2013년 9월, 창간호의
제목은 '시작은 충동적으로'였다.

　　낭독회는 실시간 오디오북 같은 콘셉트로 진행했다.
세 사람이 트랙을 여섯 개씩 나누어 맡은 다음, 그 자리에서
사람들에게 몇 월 호를 구독할지 신청을 받아 지목된 에피소드를
맡은 사람이 대본 없이 읽어주는 형식이다. 운이 좋으면 셋 중
누군가는 말을 적게 할 수도 있다. 문래동의 아담한 공간에 꽉
들어찬 사람들 앞에 셋이 나란히 앉아 수줍게 이야기를 시작했다.
그날 구독 신청을 받은 에피소드는 열 가지 남짓이었다.

'직접 하면 오래 걸린다' '인건비는 남이 챙겨주지 않는다' '뜨거웠다 치자' '기다려도 오지 않는다' '4대 보험이 없다는 것'…….

제목만큼 그야말로 적나라한 실패의 기록들이다. 릴리쿰 공간을 직접 하나하나 세팅하면서 삽질을 거듭한 탓에 계약에서 오픈까지 무려 3개월이 걸렸던 에피소드, 인건비도 채 남지 않는 가격을 책정한 탓에 지속 가능한 구조를 만들지 못했던 워크숍 프로그램들, 공동 제작 프로젝트를 흐지부지 마무리했던 기억, 오지 않는 멤버를 기다리며 공간을 지켰던 날들……, 여기에 최근 모두 자발적 백수가 된 우리들의 선택에 관한 이야기를 마지막 에피소드로 풀었다.

'월간 실패' 작업은 이후에 전시 작품으로도 만들어졌다. 이번에는 사람 책 대신 오브제와 텍스트가 결합된 아트북 형태로 제작해 관람객을 만났다. 첫 번째 전시는 크리에이티브 커먼즈 글로벌 서밋의 연계 전시로 기획되어 공유 철학이라는 큰 맥락 안에서 분야가 다양한 작업자들의 활동을 소개하는 아카이브 전시였다. 이번에는 릴리쿰 이전 땡땡이공작의 시작까지 거슬러 올라가 지나온 4년 여 시간들을 되새겨 정리했다. 일탈과 생산의 관계를 탐미했던 '놀이'로서의 행위에서, 제작과 자아의 관계를 들여다보는 '행위'로서의 제삭으로 전유된 과정들이 보였다. 그 가운데 좌충우돌하며 해온 여러 시도들, 더불어 생산된 많은 실패도 보였다. 작품은 추상적이지만 이 일련의 흐름을 공유하는 인터페이스인 '실패의 이정표^{Failure-stone}'였다.

지난 시간들을 회고하며 '실패'의 면들을 돌아보고 공유하는 이유는 이것이

가장 진솔한 이야기가 될 수 있다고 생각했기 때문이다. 제작 활동이 갖은

실패와 시행착오를 거쳐 작품(혹은 물건)이라는 꽃을 피우는 행위이듯, 우리의

자립을 위한, '만들기'를 통해 다른 방식의 삶을 살기 위한 실험들도 화려한

실패의 역사 속에서 조금씩 실체에 가까워지고 있다.

지난 4년여의 시간 동안, 우리는 우리만의 방식을 고집했고, 놀고, 미친 듯이

일하며, 즐겁게 실패할 수 있었다.

릴리쿰은 이제 제2막을 준비하고 있다. 최근 이태원에서의 2년을 마무리하고

연남동으로 공간을 옮겼다. 게다가 모두 4대 보험을 포기한 채 자발적

백수들이 되어 광야에 나왔다.

부동산 제국의 중심지 서울에서 공간을 운영한다는 것이 쉽지 않은

상황임에도 릴리쿰을 계속 이어가는 이유는 자가 생산, 제작 활동이 가지는

힘 때문이다. 우리는 만들기를 삶의 방법으로 삼아 나름의 방식으로 살아가기

시작했다. 그것이 내가 찾아낸 타자들과의 공동체로 연결되고 어쩌면 다른

세계를 만들어낼지도 모른다는 생각이 들 때, 어느새 이 관계들을 믿게 된다.

계속해서 더 잘 실패하기 위해, 우선은 메이커 문화 붐업의 소용돌이 속에서

살아남아보자. 공허하지 않은 실패의 역사 속에서 어떤 꽃이 피어날지

궁금하다.

〈월간 실패〉 2015년 9월호

토탈 미술관에서 열린 '디자인 없는 디자인(design without Design)' 展에 전시된 월간 실패

릴리쿰을 비롯한 제작자들의 공간은 어쩌면 실패의
공간일지도 모른다. 가령 '잼 만들기' 체험 서비스를 제공하는
곳에서 잼을 만든다면 우선 만드는 법을 친절히 알려주고 망치지
않도록 중요한 팁을 일러줄 것이다. 마지막에는 예쁜 포장으로
마무리한 확실한 결과물을 안겨주는 것이 일반적이다. 그러나
릴리쿰에서 잼을 만든다면 어떤 재료가 필요한지부터 함께
고민해야 할지도 모른다. 우여곡절 끝에 잼을 만들어도 잼이 너무
졸아들었거나 아예 작업을 망칠 수도 있다. 생각했던 그 맛이
아닐 수도 있다.

　　그럼에도 굳이 많은 실패를 부르는 방법을 기꺼이 선택하는
이유는 그렇게 함으로써 스스로 생각하고 질문하는 기회를
만들 수 있기 때문이다. 우리가 알고 있다고 생각하는 많은
것이 실제로는 모르는 것에 가까울 때가 많다. 내가 입는 옷과
먹는 음식이 어디서부터 어떻게 여기까지 오게 되는지, 우리가
의존하는 기계들은 어떻게 작동하는지 잘 모른 채 살아간다. 이
모든 것을 알아야 하고 세밀한 과정을 직접 해내야만 진정한
생산의 자세라는 말은 아니다. 모두가 제작자가 되기를 강권하는
것도 아니다. 배우면서 무언가 만들기 시작할 때 어떤 면에서는
전적으로 수용자 입장에 있는 쪽이 효율적일 수 있다. 또 서로
머리를 맞대고 이런저런 고민을 함께해야 하는 관계 맺기가
부담되는 경우도 있으니, 자신과 잘 맞는 방식을 선택하는 것이
현명한 방법이다.

다만 만드는 경험을 통해 소비자라는 역할에 갇혀 있는
본성과 감각을 깨우고, 만들고 쓰고 버리는 것을 사유하는 시간이
절실히 필요하다. 자연과 연결된 인간의 생산 활동과 오랫동안
쓰인 생활의 기술을 신기술만큼이나 관심 있게 들여다볼 이유가
있다.

큐레이터 헤럴드 제만^{Harald Szeemann}이 1969년 스위스
베른에서 기획했던 '태도가 형식이 될 때'라는 제목의 전시가
있다. 이 전시는 실험적인 현대미술 전시 기획의 분수령으로
평가 받는다. 오브제 중심의 전시 기획에서 탈피해 작품이
완성되기 전의 개념과 과정, 미완성의 오브제와 재료를 전시해
작가의 사고와 태도까지 예술에 포함된다는 것을 보여주었다.
릴리쿰에서 그간 해온 활동의 의미를 어떻게 전달할 수 있을까
고민하다가 이 전시 제목을 떠올렸다. 내 몸의 감각을 건드려
인식의 지평을 넓히고 삶에 대해 질문을 던지는 것이 곧 릴리쿰이
지향해온 '예술하는' 삶이 아니겠는가. 릴리쿰이라는 공간에서
벌어지는 활동들은 우리에게 새로운 직업이나 생계의 터전을
만드는 것이기 이전에, 다르게 살아가는 방식에 대한 실험이었다.
'형식'의 의미를 '실체화'라고 해석한다면, 릴리쿰의 작업 방식은
만들기라는 태도를 다른 사람들과 나눌 수 있는 형식으로 만드는
작업이라고 밀해도 좋을 것이다.

무한 동력이라도 장착한 듯한 환상에 빠져 성장을 향해
질주하던 시대가 저물고 있다. 이제야 우리는 잃어버린 것들을

마주하게 되었다. 사람들의 마음속에서 각성이 일어나고 있고, 변화를 갈망하는 온도도 높아지고 있다. 우리가 본격적인 제작 활동과 공간 운영을 시작하게 된 이유도 그 갈망과 같은 선 위에 있다.

이유가 무엇이건 스스로가 원하는 백 퍼센트의 삶을 살고 있는 사람은 많지 않을 것이다. 돈이면 뭐든 가능해 보이는 사회에서는 돈 버는 것을 우리가 원하는 삶을 가져다줄 가장 중요한 필요조건으로 여기게 된다. 하지만 그보다도 사실 우리는 과도한 노동 시간을 줄이기를 원하고, 업무 환경이 조금 더 안전해지기를 바란다. 저녁이 있는 삶을 바란다. 오염되지 않은 자연을 바라고, 안전하고 깨끗한 먹거리를 바란다. 안정된 일자리 하나를 보전하기 위해 많은 것을 꾸역꾸역 참기보다 언제든 새로운 일에 도전할 수 있기를 바란다. 어떤 변화들은 개개인이 돈을 더 벌어 남보다 나은 조건을 가져 취할 수도 있다. 하지만 경쟁이 무한히 허락되는 시스템 안에서 모두가 그 기회를 향해 열심히 노력할수록 다 같이 그 기회에서 멀어진다.

열악한 사회적 조건 속에서 만들기가 정말로 우리 삶을 바꿀 수 있을까. 물론 모든 변화를 돌연 가능케 할 만능열쇠 같은 건 없다. 그러나 만드는 행위는 분명 우리에게 남기는 것이 있다. 어린 시절 많은 이에게 영웅이었던 '맥가이버.' 스토리는 거의 기억에 남아 있지 않지만, 어떤 위기에도 만능으로 대처하던 해박한 지식과 손 기술을 지닌 그 캐릭터는 머릿속에 강하게 남아

있다. 맥가이버처럼 혼자서 모든 문제를 다 해결하는 만능 인간이
되어야 한다는 말은 아니다. 다만 우리가 필요로 하고 의지하고
있는 것들을 스스로 생산할 능력이 있다면, 사회에서 낙오하거나
제대로 살아갈 수 없을 거라는 두려움에서 조금씩 자유로워질 수
있다. 이것은 곧 다른 방식으로 살아갈 수 있다는 자신감이 된다.

　내 삶을 온전히 나의 삶으로 살아가기 위해 우리는 당장
해커처럼, 탐정처럼, 예술가처럼 마음을 바꿔먹을 수 있다.
그다음은 궁금해하고 손을 움직여보는 것으로 작은 변화들을
느껴보는 것이다. 당신이 깨운 손의 감각이 어느 날 갑자기
새로운 삶의 방식을 보여줄지도 모른다.

5 만들기 붐과 남은 과제들

메이커 버블 현상

　　1997년 영국의 한 디자이너가 환경 자선 단체와 협력하여
에코백을 선보였다. 화학 처리 같은 가공을 하지 않고, 동물
가죽을 쓰지 않은 이 가방은 천연 면처럼 자연 분해되는 섬유로
제작되었다. 디자인에 힘을 주지 않은 가장 단순한 형태로
누구나 만들 수 있는 친환경 제품으로 선보였다. 제작비용이
저렴하고 원하는 프린트를 찍어서 쉽게 주문 제작할 수 있다는
장점이 있다. 에코백은 각종 행사 기념품으로, 구매 사은품으로,
예쁜 디자인을 입힌 고가의 상품 등으로 무분별하게 생산되기
시작했다. 지난 18년간 에코백이라는 이름으로 제작된 에코백은
얼마나 될까. 적어도 내 손을 거친 에코백이 몇 개였는지만
헤아려봐도 에코, 즉 환경에 얼마나 어울리지 않는 가방이
되어버렸는지 쉬이 짐작할 수 있다. 넘치고 난무하는 물건이 되다

보니 오랫동안 두고두고 사용하는 친환경 행위의 의미를 담은 가방이 아니라, 비닐 백보다 튼튼한 일회용 가방이 되어버렸다.

우리나라에서 메이커 문화는 마치 에코백의 운명을 답습하려는 듯 위태로워 보인다. 지금 한국에는 메이커 바람이 불고 있다.

"메이커? 브랜드를 말하는 건가?"

이렇게 오해를 살 법도 한 메이커라는 말은 언젠가부터 새로운 트렌드 용어로 자리를 잡은 듯하다. 메이커들을 초대하는 행사나, 디지털 제작에 입문할 수 있도록 돕는 3D프린팅, 레이저 커팅 워크숍 등도 굉장히 많아졌다. 학교나 기관, 재단에서 설립하는 '메이커 스페이스'라 명명되는 공간도 늘어났다.

메이커 운동이 사람들의 관심을 끌고, 소비주의로 얼룩진 삶에서 벗어나 자가 생산을 지향하는 문화가 자리 잡는 것은 분명 환영할 일이다. 그런데 공교롭게도 한국에서 메이커 문화에 들러붙는 말이 있다. '창조경제'다. '창조경제'라는 국가 정책의 미션을 수행하기 위한 방법으로 메이커 문화가 소모되는 경향이 짙어 보인다. 미래창조과학부는 국민들에게 메이커 문화에 대한 인식을 확산하고, '전문 메이커(?)'들을 지원하고, 미래형 교육을 통해 창조경제를 실현하겠다는 취지에서 메이커 문화 관련 정책들을 수행한다. 글자 그대로는 나쁠 것은 없어 보인다. 그런데 정부 주도의 메이커 문화 확산 정책이라는 것이 과연 메이커 문화가 우리 삶에 뿌리내리는 환경을 지속적으로 만드는

데 얼마나 기여할 수 있을까.

기술과 시대의 변화에 따라 격변할 미래의 경제와 산업 구조에 대비하는 국가의 전략은 중요하다. 하지만 정부가 메이커 문화에 거는 기대는 미래를 주도할 신기술과 일인 제조 환경이라는 새로운 가능성이 만들어내는 산업적 효과, 이 하나의 소실점에 꽂혀 있다. 정작 사회 변혁의 핵심인 구조 개선은 남의 일인 양 따로 놀게 두는 듯 보인다. 그저 '메이커 문화를 정착시킨다'는 목표를 달성하면 바라는 변화가 저절로 이루어질 것처럼, 앞뒤 순서가 뒤바뀐 듯한 안일한 논리에 기대고 있는 건 아닌가 싶다.

물론 정부 정책으로 관련 사업이 활발하게 이루어지는 측면도 있다. 만들기 활동과 관련한 새로운 교육 비즈니스 모델도 등장하고 있다. 그래픽 인터페이스를 활용하여 코딩을 쉽게 학습할 수 있는 프로그램인 '스크래치'를 정규 교육에 도입하기로 결정된 후 이를 가르치는 사설 업체가 늘어났다. 전자회로 키트나 제작 워크숍 콘텐츠 수요가 늘어나는 효과도 있다. 다만 사업으로'만' 보는 것은 문제가 있다. 메이커 운동의 본질은 만드는 활동을 누구나 삶의 일부로 받아들이도록 하는 것이다. 그런데 자격증을 따기 위한 사업, 자격증을 내걸어 사람들을 현혹하는 사업에 그치고 말까 걱정이다. 결국 만들기 능력 자체를 '스펙'화해서 단기간에 전문가를 만들려는 기획이 문제다. 메이커 문화의 진정성을 고민하는 사람들의 노력에도 불구하고 정부가 수입한 메이커 운동은 걱정스런 대목이 많다. 국가 예산을 집행하는 사업이니 성과주의로 귀결되기 십상이다. 성과란 '스타 메이커'를 발굴해 결과물로 만들거나 전문가 수, 이 정책의 수혜자 수 같은 머릿수 늘리기가 핵심이 될 수밖에 없다.

무엇을 위해 시작되었는지, 적절한 수위는 어디쯤인지, 지속적으로 경계하고 확인해야 할 태도는 무엇인지, 이렇게 성찰하는 자세가 없다면 메이커 문화 역시 트렌디한 소비의 대상으로 전락하고 말 것이다.

일반적인 인식에서 메이커 문화는 디지털 제조digital fabricaiton라는 형식과 새로운 기술 중심의 만들기에 치우쳐 있다. 자급자족적 삶과 손노동, 생활 기술 복원, 적정기술, 미래 환경에 대한 대응 같은 만들기의 근원적인 담론은 오히려 마을과 공동체의 복원이나 대안 사회를 연구하는 활동가들을 중심으로 이루어진다. 정책을 만들어서 사회를 변화시키는 구조적인 힘과 사람들이 변화를 일구고자 해서 생겨나는 풀뿌리 문화의 힘은 성질이 다르다.

만들기에 눈뜬 개인에게 중요한 것은 이러한 현상과 담론들을 읽으면서도 소용돌이 속으로 빨려들어가지 않고 경계하는 분별력이다. 그보다 더욱 중요한 것은 자기 주변과 사물을 바라보는 신선한 시선과 꾸준히 사유할 수 있는 즐거움을 놓치지 않는 일이다.

메이커 인증서

창조경제 정책의 일환으로 정부가 메이커 문화에 관심을 기울이고 있다는 뉴스를 보면서 우리는 조만간 공인중개사 시험이나 컴퓨터 활용 능력 시험처럼 '국가공인 메이커 자격 시험'이 등장할지도 모르겠다며 낄낄거렸다. 메이커 문화는 새로운 유망 창업 아이템 같은 것쯤으로 취급되어 소개되고 '3D프린터 능력 3급' '레이저커터 운용기사' '3D프린터 조립기사' 같은 이름을 단 자격증이 우후죽순 생겨나서 어느 단체는 자격증 시험의 응시료를 받아 챙기고, 어느 출판사에서는 이 자격증을 따려는 사람들을 대상으로 수험서 장사를 시작할 세 빤하다고 예상했다. 불행하게도 그새 우리가 나눴던 농담은 현실이 되었다. 2014년 12월 기준으로 이미 20, 30개의

3D프린팅 자격증이 생겼다.[*]

저마다 원조라고 주장하는 식당들처럼 자신들이 더 공신력이 있다고 주장하는 3D프린팅 관련 협회들이 이름을 걸었고, 정부 부처도 당연히 숟가락을 얹었다. 오픈소스로 누구나 만들 수 있고 시도할 수 있는 게 메이커 문화의 특징인데 자격증과 수료증으로 특정 사람들에게 권한을 부여하려 하다니. 앞으로는 메이커 커뮤니티에 '어떤 걸 만드는 중인데 어떤 부분이 어려워 도움이 필요하다'는 글보다는 '자격증 시험 기출문제를 알려달라'는 글이 더 자주 올라오게 될지도 모른다. 실소가 나오는 상황이다.

그런데 이 장에서 말하고 싶은 것은 그런 외부 인증이 아니라 우리 자신의 평가, 우리 마음 안에도 자신이나 타인을 두고 '이 사람은 메이커인가 아닌가'를 평가해 기준을 통과한 사람에게만 인증서를 발급하는 심사관이 있지 않은가 하는 것이다. 나에게는 있었다. 처음 메이커 문화를 접했을 때 나는 나를 메이커로 생각하는 데 저항이 없었다. 하지만 다른 메이커들과 교류가 늘어나면서부터 조금씩 주저하는 마음이 늘어갔다. 내가 만난 메이커 대부분은 굉장한 기술과 지식을 가지고 있었고, 자신의 관심 분야와 만들고 있는 것을 확실히 설명할 줄 아는 사람들이었다. 나는 그렇지 않았다. 관심사는

---

[*] '난립하는 '3D프린팅 자격증'… 효과는?', 〈디지털타임스〉, 2014. 12. 2.

언제나 사방으로 튀었고, 잘 정리된 지식도 없어 간단한 걸
만들더라도 끝없이 인터넷을 뒤지고 수많은 실패를 거쳐야 겨우
만드는 사람이었다.

메이커라는 단어가 설명하는 말이 아니라 라벨이 된 상황도
한몫했다. 정부가 수료증과 자격증으로 메이커들을 관리하려
들듯이, 내 머릿속 심사관도 메이커라는 단어의 정의에서
마음가짐이나 시도, 관계처럼 모호하고 비전문적인 요소들은
죄다 잘라내고 기술과 지식, 스타트업과 비즈니스 같은 딱딱한
개념만을 남겨놓았다. 그런 개념을 나한테 들이대면 나를
메이커라고 말할 수 없었다. 나는 한동안 나를 소개하는 일에
어려움을 겪었다.

내 머릿속 심사관에게 퇴거 명령을 내릴 수 있게 된
건 이 책을 쓰는 동안 나의 시작과 메이커 문화의 정신을
되돌아보면서부터였다. IT 전문가였던 마크 프라우언펠더는 닷컴
열풍이 꺼진 뒤 그때까지와는 다른 방식의 삶을 실험해보기로
한다. 그는 직접 텃밭을 가꾸고, 닭을 기르고, 벌을 쳤다.
에스프레소 기계를 뜯어 튜닝하기도 하고, 수제 기타를 만들기도
했다. 지금은 잡지 〈메이크〉의 편집자로 일하면서 자급자족과
손노동에 대한 관심을 이어간다. 그런 그를 하이테크에 지식이
있다고 해서 메이커가 아니라고 말할 수 있을까? 앞서 말한
데일 도허티가 한국 강연에서 나눈 '우리 모두는 이미 만드는
사람'이라는 메시지도 마찬가지 맥락이다. 이 말은 기술적으로

뛰어난 로봇을 만들고 아두이노를 잘 다루자는 것이 아니라, 메이커 문화의 핵심은 우리 모두가 자기 삶의 주체가 되는 것이라는 말이었다. 그는 우리 모두가 삶의 주체가 된다면 세상이 어떻게 바뀔지, 그 가능성에 더 주목했다. 창작 공간 네트워크인 테크숍의 설립자 마크 해치 역시《메이커 운동 선언》에서 메이커 운동의 기본 정신을 되새겼다. 바로 만들고, 나누고, 배우고, 노는 것이다.

메이커란 무엇인가. 누가 메이커인가 생각할 때 기준이 그 사람이 무엇을 만드는지, 지금 무엇을 할 줄 아는지가 돼서는 안 된다. 자기 자신과 어떤 관계를 맺고 있는지, 사물과 세계에 어떤 생각과 태도를 가지고 있는지가 중요하다. 이런 기준은 모호할 수밖에 없다. 결론이 개인마다 다를 수도 있다.

기왕 모호한 기준이라면 자신에게 좋은 쪽으로 치우쳐 해석한들 뭐가 문제겠는가. 우선 자신에게 메이커라는 이름부터 붙이자. 그리고 만들고 싶은 것, 이해하고 싶은 사물을 생각하자. 혹시라도 심사관이 찾아오면 '창조경제' 담당자들하고나 놀라고 하자. 각자 자신의 스승이 되어 긍정적인 믿음이 실현을 이끈다는 로젠탈 효과를 노리자. 미리 두려워할 필요가 없다. 어차피 메이커 문화는 소수의 전문가들이 이끌어온 것이 아니다. 스스로 공부하고, 만드는 것을 즐기고, 실패를 두려워하지 않는 수많은 아마추어가 이끌었다. 탐구 대상에 한계가 없다. 실패도 가치를 인정받는다. 투신하기에 너그러운 세계다.

만들 수 있으면 만들 권리가 생기는가

    국립과천과학관 무한상상실은 미래창조과학부의 참여로
운영되고 있는 메이커 스페이스다. 목공구 외에도 레이저커터,
CNC머신, 3D프린터 등 다양한 장비를 누구나 사용할 수 있도록
개방해 무언가 만들어보고 싶은데 장비가 없는 사람들에게
유용한 장소다. 여기서 5개월 정도 일한 적이 있다. 그때는 널리
홍보되지 않아 이용객이 적었다. 하루는 시간도 남고 장비도
놀기에 재미 삼아 고무 동력 자동차를 만들었다. 주변에서 흔히
볼 수 있는 노란 고무줄로 몸체와 뒷바퀴 축을 연결해서, 바닥에
놓고 뒤로 죽 당겼다가 손을 놓으면 앞으로 달려가는 자동차였다.
구글링을 하다 어느 외국 사이트에서 보고 레이저커터를
이용하면 똑같이 만들 수 있겠다 싶어 시작한 일이었다. 완성품
사진만 보고 도면을 그리는 일은 생각만큼 만만치가 않아서 처음

만든 건 아예 바퀴가 안 움직였고, 두 번째로 만든 건 10센티미터 나가는 게 고작이었다. 결국 도면을 계속 수정해가며 다섯 번째 버전까지 만들고 나서야 겨우 만족할 만한 결과물을 손에 쥐었다. 나는 '자동차' 다섯 대를 사무실 한쪽에 자랑스레 전시해두었다. 그런데 어느 날 무한상상실을 둘러보던 어느 선생님이 학생들과 함께 만들어보고 싶다며 값을 지불할 테니 서른 개 정도를 만들어 팔라고 부탁했다. 처음에는 내 오리지널 창작물이 아니라는 이유로 거절했다가 거듭 부탁을 받자 마음이 약해졌다. 판매는 세 번 정도 더 이어졌다. 남의 작업을 베껴 팔고 있다는 찜찜함이 가시지 않아 디자인을 수정하고 구조도 바꿨지만, 그렇다고 해서 베꼈다는 사실이 사라지는 건 아니었다. 나중에 같은 도안으로 만든 상품이 우리나라에서도 팔리고 있는 걸 찾아내서 그 사이트를 연결해주었다. 부끄러운 기억이다.

사실 시중에 판매되는 제품 중에는 어느 정도 기술과 장비만 있으면 충분히 똑같이 만들 수 있는 것들이 많다. 1년쯤 전에 페이스북에서 어느 메이커가 어린이용 가구를 만드는 소스 파일을 공유하는 걸 본 적이 있다. 그는 인터넷에서 본 어린이용 책상 세트가 왜 그리 비싼지 이해가 안 된다며 서너 시간만 들이면 시중에서 40, 50만 원 하는 가구를 재료비 3만 원으로 만들 수 있다고 했다. 그가 소스 파일을 공개해 다운로드할 수 있게 하자, 자신도 만들어보고 싶다고 문의하는 댓글이 줄을 이었다. 어떻게 만들었는지 궁금해서 나도 파일을 받아 열어보았다. 그리고 그것이 어떤 상품을 '베꼈는지' 단박에 알아차렸다.

제품의 생산 현장에서 일하는 사람이 아니더라도 하나의 제품이 어떻게 만들어지는지 어렵지 않게 그려볼 수 있다. 아이디어를 내고, 시제품을 만들어보고, 수차례 혹은 수십 차례 검증과 수정을 거친 후라야 겨우 생산에 들어간다. 하나의 제품은 여러 사람의 생각과 노력과 자본이 투자된 결과물이다. 그런데 만드는 기술이 있는 사람들 중에는 이런 과정을 무시하는 이들이 있다. 특히 만드는 방법이 단순한 제품일수록 이런 경향이 심하다. 그 제품이 나오기까지의 과정은 깡그리 무시한 채 결과물이 얼마나 쉽게 재현 가능한지에 주목한다. 그리고 직접 만들지 않고 돈을 내고 사는 사람들을 업신여긴다. 더 나쁜 경우에는 타인의 결과물을 그대로 베껴서 '재현'해 '오픈' 소스라는 명분으로 자기 이름을 붙여 개인 블로그나 SNS, 온라인 커뮤니티로 공유하기도 한다.

테크놀로지 DIY나 엔지니어링을 주로 하는 '취미공학자'들의 영역이던 만들기가 지금과 같은 메이커 문화로 성장한 데는 공유 정신의 힘이 컸다. 인터넷이 발전하면서 관심사가 비슷한 사람들의 온·오프라인 모임이 활발히 일어났다. 자신늘이 힘들게 터득한 지식과 시행착오를 부상으로 공유하면서 기술의 장벽이 낮아졌다. 덕분에 관심은 있었으나 쉬이 발을 들이지 못했던 일반인들이 빠른 속도로 이 세계에 유입되었다.

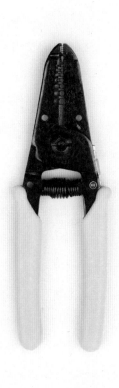

분명 공유의 순기능이다.

하지만 어떤 물건 혹은 상품을 복제할 능력이 있을 때 그것을 만들고 공유하는 것도 메이커의 권리일까? 복제한 사람이 복제된 소스를 공유할 권리를 갖는 것일까?

명확하게 선을 긋는 것은 생각보다 어렵다. 대기업에서 만든 의자가 있다고 생각해보자. 디자인도, 조립 방법도 단순한 북유럽 스타일의 의자다. 나는 의자가 마음에 든다. 그런데 이 의자 가격이 너무 비싸면 자본주의와 불합리한 가격 책정을 비판한다. 반대로 가격이 지나치게 싸면 노동 착취와 질 나쁜 재료를 의심한다. 이 양 극단의 상황이라면 나는 고무 동력 자동차를 만들었던 것처럼, 안전성 등을 직접 확인할 수 있는 나무로 직접 만드는 쪽을 택할 것이다. 만약 집에 놀러온 친구가 의자를 마음에 들어 한다면 나는 선뜻 소스 파일을 넘길 수도 있다. 돈을 받고 판매하는 게 아닌 이상 죄책감에 시달리지는 않을 것 같다. 그렇다면 대기업이 아니라 작은 공방을 운영하는 목수가 만든 의자라면 어떨까? 그녀가 여러 달 연구한 끝에 완성한 의자, 단순한 디자인이 그녀의 오랜 고민의 결과라고 가정해보자. 게다가 전부 수작업으로 만든 제품이다. 가격이 비싸다고 해도 구상 기간부터 포함하면 최저시급을 겨우 넘기는 정도다. 얼마 전부터 중국에서 만든 복제품이 그녀가 내건 가격의 4분의 1도 안 되는 값에 시장에 나와서 걱정이 많다거나, 의자를 개발하는 데 돈을 많이 썼는데 투자금도 아직 회수하지 못 했다거나, 장사가

좀 되는 것 같으니까 집주인이 백수 아들에게 시켜보겠다며 다음
달까지 작업실을 비워달라고 했다거나 하는 식으로 디테일한
설정을 덧붙여도 좋다. 그때도 우리는 죄의식 없이 그녀의 작품을
본떠 의자를 만들고 친구들과 소스를 공유할 수 있을까? 그
목수가 작은 공방 주인이 아니라 TV에도 출연할 정도로 잘나가는
스타 목수라면 답변은 달라지는 것일까, 아니 달라져야 하는
것일까?

무책임한 결론 같지만 정답이 없는 문제다. 분명한 것은
'만들 수 있다'는 것과 '베낄 수 있다'는 것은 맥락이 다르며,
메이커 운동에서 말하는 '공유' 역시 자기 것이 아닌 것을 자기
것인 양 무조건 공유하는 태도를 가리키는 말은 아니라는
사실이다.

그렇다면 '공정한' 만들기와 공유의 기준은 무엇이 되어야
할까. 존중이 아닐까. 창작자를 존중하기, 창작의 가치를
인정하고 창작에 매겨진 정당한 값을 존중하기, 물건의 재료와
가공하는 과정에서 소모되는 이 행성을 존중하기, 물건을 만드는
노동자를 존중하기 그리고 자신을 존중하기.

존중의 대상이 상충하는 경우 각자 자신이 왜 만드는지,
왜 그것을 공유하려고 하는지를 토대로 판단해야 한다. 결과는
다음 여행지를 고르는 여행자들처럼 저마다 다르게 나올 수밖에
없다. 숙고의 결과가 만드는 대신 구입하겠다는 선택이 되었든
만들겠다는 선택이 되었든, 혼자만 가지든 공유를 하든, 스스로

납득한 결론이라면 존중받아야 한다. 선택은 각자의 몫이다. 물론 책임도 각자에게로 돌아간다.

만들면서 버려지는 것들

　　메이커 문화를 알기 전 나는 막연하게 메이커라 불리는
사람들이 책에서 본 미국 원주민 같은 사람들일 거라고 기대했다.
원주민들은 사냥을 하면 고기는 먹고 뿔과 내장으로는 빗이나
생활용품을 만들고, 가죽은 손질해서 힘줄로 꿰어 옷가지를
만들었다. 버려지는 부분이 없었다. 하나의 생명을 이루던
조각들은 저마다 소용이 있었다. 나는 메이커들이 물건을 대하는
태도도 당연히 그러리라 기대했다. 사물의 본질을 이해하고
일상에서 쉽게 버려지는 것들의 소용을 연장하거나 새로운
기능을 부여하는 자세가 기본적으로 장착되어 있으리라고
생각했던 것이다.

　　무한상상실에서 일하는 동안 접한 현실은 기대와 달랐다.
대형 장비가 많은 곳이다 보니 규모가 큰 작업이 이루어질 때가

많았고 그 과정에서 불가피하게 남는 부분들도 발생했다. 남은 자재들은 어김없이 버려졌다. 잘 갈무리하면 작은 것들을 만들 때 쓰기에 충분할 텐데도 누구도 신경 쓰지 않았다. 나 역시 처음엔 뭐든 만들어보겠다며 버려지는 것들을 모았지만 양이 너무 많아 일주일도 안 되어 포기하고 말았다. 매일 저녁 쓰레기 포대를 가득 채운 자재들을 볼 때마다 항상 죄책감을 느꼈다.

고민은 버리는 영역에 국한되지 않았다. 메이커들이 쓰레기를 만들어낸다. 가끔 3D프린터실을 지나다 안을 들여다보면 열 대가 넘는 프린터가 바쁘게 돌아가는데 만들어내는 것이 즐거움과 실용, 어느 쪽에도 부합하지 않아 보일 때가 종종 있었다. '저게 왜 필요한 거지?' 의문을 품었다. 자주 고장이 나는 3D프린터라는 기기 특성상 기본적인 사항들을 테스트해야 할 필요가 있기는 하다. 그렇게 만든 것 중에 나름 아름다운 것도 있었다. 하지만 그런 목적과 무소용한 제작물 간의 균형점을 어디에 두어야 할지 판단하기 어려웠다. 궁금했다. 재료와 전기, 시간을 들인 저 녀석들은 만들어진 뒤엔 어디로 가게 될까.

물론 처음부터 환경 보호에 목적을 둔 만들기도 존재한다. 물건 자체나 물건을 이루는 재료의 가치에 주목해 새로운 소용을 부여하는 업사이클링^{upcycling}이다. 기존 물건의 원료를 모아 재처리하는 재활용^{recycling}과는 다르다. 재활용을 그 과정에서 재료 품질의 저하를 낳는 다운사이클링^{downcycling} 방식이라고 정의하고 이에 대척되는 개념으로 업사이클링이 등장했다.
업사이클링은 낯선 개념이 아니다. 아마 이 글을 읽으면서
떠오르는 회사 혹은 단체들이 몇 있을 것이다. 업사이클링을
말할 때 항상 언급되는 프라이탁^{Freitag}이나 중고 물건을 거래하는
'아름다운가게'에서 잘 팔리지 않는 낡은 물건들을 활용하기
위해 새로운 제품으로 만들어 팔면서 시작된 '에코파티메아리',
현수막을 수거해 가방, 파우치 등 패션 소품을 만드는 '터치포굿',
이곳들의 제품이 업사이클링이다. 그 외에도 커피 찌꺼기를
활용해 버섯을 키우거나 버려진 가구와 폐목재로 가구를 만드는
사회적 기업도 있다. 업사이클링은 개인 영역에서도 일어난다.
요즘도 종종 TV에 등장해 버려진 가구를 주워 새로운 가구를
만들거나, 다 쓴 우유 팩, 세탁소 옷걸이를 활용해 생활 속
소품으로 바꾸는 방법을 알려주는 주부들이 있다. 이들이 바로
훌륭한 업사이클러^{upcycler}들이다.

국립아시아문화전당에서 진행한 ACT^{Art and Creative Technology}
페스티벌에서 신챙^{Xin Cheng}이라는 아티스트를 만난 적이 있다.
어색하게 마주앉아 짧은 영어로 이것저것 이야기를 나누다 나는
아직 정해지지 않은 무언가를 만들기 위해 길에 떨어진 사물들을
주워서 기록하고 모으고 있다고 말을 건넸다. 그랬더니 그녀는
자신도 비슷한 일을 하고 있다며 가방에서 사진 한 뭉치를 꺼내
보여주었다. 손바닥 반만 한 사진들에는 그녀가 여행을 다니며
발견한 아주 소소한 일상의 사물들이 담겨 있었다. 구멍을

뚫어 수공구 여러 개를 꽂은 1.8리터짜리 우유 통, 구멍가게의 차양 끝에 뒤집어 매달아 손잡이가 긴 빗자루를 꽂도록 만든 페트병, 기둥에 보온병을 거꾸로 매달아서 버튼을 누르면 따뜻한 물을 받을 수 있게 만든 시스템. 그녀는 내게 사진을 하나 선물하겠다고 했다. 나는 건물 모퉁이 사진을 한 장 골랐다. 건물 벽에는 뚜껑을 작게 잘라 비닐 보관함으로 만든 플라스틱 페인트 통이 붙어 있었다. 사진을 잘 들여다보면 그 옆으로 사각형 금속상자를 비스듬히 잘라 만든 쓰레받기가 구석에 기대어 서 있고, 아래엔 플라스틱 통을 낮게 잘라 만든 화분도 놓여 있다.

업사이클링은 이처럼 우리 삶에서도 쉽게 찾아볼 수 있는 것들이다. 너무 평범해서 보고도 그저 지나치는 작은 발명들. 이토록 많은 이의 일상에서 업사이클링이 일어나지만 우리는 여전히 쓰레기 수거일마다 골목 모퉁이에 가득 쌓인 쓰레기 봉투들을 볼 수 있다. 그런 광경을 보면 항상 떠오르는 이미지가 있다. 픽사의 애니메이션 〈월-E〉다. 월-E는 Waste Allocation Load Lifter Earth-Class, 즉 지구 폐기물 수거·처리 로봇이라는 뜻이다. 감당할 수 없는 수준으로 지구가 오염되자 인간들은 청소 로봇 월-E 수백만 대를 지구에 남기고 떠난다. 지구 궤도를 따라 도는 거대 우주선 안에서 월-E들이 지구를 정화하기를 기다린다. 애니메이션에서는 그로부터 7백 년이 지난 시점을 다룬다. 그 오랜 시간 동안 다른 로봇들은 모두 고장이 났다. 스스로 정비하는 능력을 익힌 단 한 대의 월-E만이 지구의 쓰레기를 모으고, 압축하고, 쌓는 일을 계속한다. 언젠가는 정말 그런 로봇이 필요할 거란 생각이 든다. 이 상태로 버리고, 버리고, 버리는 것을 멈추지 않으면 결국 머지않은 미래에 모든 자원을 소모하고, 죽은 땅에 들어가 자원을 분자 단위로 수거해야만 할 때가 올지도 모른다.

의심의 여지 없이 이 행성에서 가장 유독한 존재는 인간이다. 핵이나 전쟁의 책임에서 자유로울 인간은 있을지 몰라도, 과잉 소비와 자원 낭비의 책임을 면할 수 있는 인간은 많지 않다. 대다수 인간들이 이 행성의 뼈를 발라내 채 다 소비하지도 못할 것들을 만들어낸다.

어떤 측면에서는 메이커들의 만들기도 그리 다르지 않다. '청개구리 제작소'는 매해 '언메이크 랩'이라는 연구실을 연다. 2015년 6월에는 파리의 대안적 문화예술 실험실 라제너럴La Générale 운영자이자 수학자인 엠마뉴엘 페랑을 초대해 '기후 위기에 맞서는 프랑스(유럽)의 제작 문화 그리고 제작 영웅'이라는 주제로 토크를 진행했다. 흥미로운 얘기가 많았다. 그중에서도 특히 그가 환경과 제작 문화를 언급했던 대목이 기억에 남는다. 페랑은 세상의 끝이 다가오고, 세계가 쓰레기에 묻힌 다음에야 진정한 제작이 시작되리라 생각한다고 말했다. 더 이상 쓸모없는 것을 생산할 수 없을 때, 죽은 것에서 무언가를 꺼내야 할 때 말이다.

페랑이 말한 '세계의 끝'은 어쩌면 불가피하게 실현될지도 모른다. 어차피 인간은 엔트로피의 방향을 거스를 수 없다. 하지만 노력한다면 속도를 늦출 수는 있을 것이다. 그러려면 소수의 사람들이 아니라 우리 모두가 '우리가 한계를 지닌 생태계에 속에서 살고 있으며, 우리 인간은 그 체계에 알맞은 삶의 방식을 찾아야 한다'*는 것을 알아야 한다. 이미 다른 방식의 삶에 발을 들여놓은 메이커라면 더욱 그렇다. 무언가를 만들 때 그리고 버릴 때, 사소한 행동 하나에도 올바른 방식인지 질문을 던져야 한다. 질문함으로써 우리 삶의 태도는 조금씩 움직인다.

---

* 양옥석, 〈북미 인디언 문화와 게리 스나이더의 지역관과 동물관〉, 《영미문학연구》 제36권 4호.

아지트와 자립의 기반, 그 사이 어딘가

누구나 어린 시절 탐닉하던 아지트에 얽힌 기억이 있을
것이다. 아지트는 함부로 침범당하지 않기에 아늑한 장소다.
작고 은밀할수록 더 자유로운 공간이다. 나는 어릴 때 유난히
그네 타기를 좋아했다. 덕분에 그네에 얽힌 사건 사고도 많았다.
그런데 이상하게도 그네를 생각하면 떠오르는 이미지는 강렬했던
사건들보다는 어릴 적 집에 있던 낡은 선반장과 보라색 보자기다.
아직 많이 작았을 무렵, TV나 도자기 같은 걸 올려두던 선반장
한 칸에 쪼그리고 올라앉으면 크기가 내 몸에 딱 맞았다. 그
아늑함을 즐기며 나는 거기서 양쪽 기둥을 두 손에 쥐고 그네
타는 상상을 하곤 했다. 슈퍼맨 망토랍시고 화려한 보라색
보자기도 두르고 말이다. 그 공간이 내가 기억하는 최초의
'나만의 아지트'였던 셈이다.

나를 비롯한 동네 꼬마아이들에게 놀이터만큼 좋은 공동의
아지트는 없었다. 따로 약속을 정해 만나지 않아도 그곳에
가면 함께 놀 동지들이 있었다. 놀이기구가 시원찮아도 공간이
작아도 상관없었다. 아이들은 별다른 장난감 없이도 돌, 흙, 풀을
만지고 작은 손과 가벼운 몸을 움직이며 참 잘 놀았다. 구슬이나
딱지, 고무줄, 아스팔트 위에 그림을 그릴 수 있는 분필 한 자루,
콩주머니……. 이런 작은 물건들은 우리가 가진 더없이 심플한
미디어였고 그것으로 우리의 아지트는 무한히 확장될 수 있었다.

릴리쿰이 호기심 많은 어른들을 위한 아지트로서 아주
훌륭한 공간임을 우린 여러 차례 확인할 수 있었다. 릴리쿰에
모여 얘기를 나누다 보면, 무언가를 직접 만들어 확인해보고 싶을
때가 있다. 그럴 때마다 쓸 수 있는 어렵지 않은 도구와 필요한
재료들은 거의 그 안에 있었다. 시도가 실패한다고 해도 누구도
비난받지 않는다. 실패는 오히려 즐거움으로 남는다. 2년 동안
여덟 명 넘는 구성원이 금요일 밤마다 릴리쿰에서 늦은 밤까지
낯선 전자공학을 공부하면서, 들이는 시간만큼 지식이 늘지 않아
늘 답답해하면서도 불나방처럼 이태원으로 모여들었던 것도
성취의 기쁨보다는 실패해도 되는 그 시간들이 즐거운 것, 그것이
가장 큰 이유였다.

하지만 릴리쿰을 단지 즐거운 아지트로만 여기기엔 우리의
시작은 좀 무거웠다. 당찬 포부도 있었고 기대감도 있었다. 제작
공간을 기반으로 활동을 하는 이들 가운데는 생계와 관련된 일을

따로 두는 경우보다는 제품을 만들고 프로젝트를 진행하겠다는 뚜렷한 목표가 있거나, 공간에서 할 수 있는 서비스를 겸하는 경우가 더 많다. 릴리쿰은 이곳을 찾는 사람들에게 열린 제작 공간이면서 우리 스스로 만들기를 즐길 수 있는 작업실이자 자립의 기반이 되는 가능성을 열어두고 시작했다. 그렇기에 일로서 활동으로서 또는 공동체로서 고민이 겹치는 지점들을 잘 풀어가야만 했다. 무엇보다 실질적인 운영 비용을 해결하는 일이 가장 부담이 컸다. 공간을 지속적으로 사용하는 멤버가 많아져서 개인별로 부담하는 비용을 줄일 수 있게 되거나, 공동의 수익을 만들 수 있는 기반을 다져야 했다. 그러면서도 우리가 정한 제작 공간으로서 역할을 할 수 있으려면 어떻게 해야 할지 국면마다 고민이 발생했다. 이리저리 기우는 고민과 고민의 저울질 사이에서 균형을 잡아야 했다.

처음부터 릴리쿰이라는 집단을 효율적으로 움직이는 '조직'으로 만들고자 한 것이 아니라 수평적인 관계에서 공동의 일을 도모하는 관계를 지향했다. 그래서 어떤 결정을 내릴 때 구성원 각자가 다른 사고의 가지들을 뻗게 되면 이야기가 길어지기도 하고 혹은 멈추기도 했다. 이를테면 이곳이 서비스 공간이 되어야 하는가 아닌가 하는 질문, 즉 누구나 만들 수 있는 작업 공간으로 만드는 것이 우선인가 운영자들의 작업실이 되는 것이 우선인가 하는 고민에 부딪혔을 때, 각자의 필요와 우선 가치도 조금씩 달랐다.

정부 주도로 생겨난 많은 메이커 스페이스들도 결국 사람들을 '만들기'로 초대하는 공간이다. 공공재인 서비스 장소와 우리가 운영하는 공간의 성격은 다를 수밖에 없음에도 불구하고 우리 공간을 찾는 사람들의 기대에 대한 걱정도 생겼다. 릴리쿰에 소중함을 느끼는 사람들이 자발적으로 운영에 참여하고 관리도 함께하고 작업도 함께하는 공공지대로서 스스로 작용하는 그림을 그리면서도, 한편으론 제작 활동에 입문하는 길을 안내해주는 서비스를 기대하고 오는 사람들도 있기에 공간의 호스트라는 자세를 놓아버릴 수 없었다. 그러다 보면 나의 '제작', 나의 '활동'에 충분한 에너지를 쏟지 못하는 부조리를 느끼기도 했다.

만들기를 지속할 수 있는 환경을 위한 저변 활동에 목적을 두고 시작했다는 사실을 간과하지 않고, 이것이 우리가 지속할 수 있는 일인지 정말 원하는 것인지 정확히 알기 위해 최적의 방법을 찾기 위해 여전히 함께 고민하고 있다. 최근 나누는 생각들 중 하나는 이미 공공지대로서 공간에 대한 접근성이 중요했던 시기는 지나고 있다는 점이다. 이제는 우리 활동으로 생산되는 작품과 콘텐츠를 더 널리 알리고 공유함으로써 그 역할을 더 잘할 수 있겠다는 예감도 든다. 릴리쿰을 옮기면서 공간의 크기가 더 아담해지는 것을 감수한 이유 중 하나다.

2년간 머물렀던 이태원 앤티크 가구 거리를 떠나 릴리쿰은 연남동에 새 둥지를 틀었다. 인적이 드물고 조용한 골목이다. 공간을 살피러 이곳에 들어섰을 때, 담장 위에 올라가 태평하게 잠을 청하고 있는 고양이와 길목 카페 앞에 내놓은 고양이 밥그릇을 볼 수 있었다. 지나가던 길고양이도 사람을 크게 경계하지 않고 골목을 누볐다. 그 모습을 보고 '아, 이런 곳이구나' 하고 안심했다. 공간은 조금 작은 감이 있었지만, 한쪽 문으로 이어진 차고도 전용으로 쓸 수 있다는 점이 매력적이었다. 제작자들의 로망인 차고 작업실을 실현해보리라는 희망도 품었다.

공간을 옮긴 후에도 우리는 여전히 실패와 삽질을 거듭하고 있다. 더운 여름도 얼추 지나간 9월에 이사를 마쳤지만 벌여놓은 바쁜 일들을 해내느라 한동안 공간에 짐만 내려놓은 채 그대로 방치했다. 12월이 되어서야 겨우 두 번째 오프닝을 준비할 수 있었다. 차고 입구에 붙은 낡은 나무 패널을 떼고, 페인팅 작업을 했다. 지나가는 동네 어르신들의 궁금증 섞인 눈빛과 질문들이 날아들었다.

"여기 뭐하는 데요?" "왜 이렇게 추운날 공사를 해?"

"하하, 그러게요."

이번에는 처음으로 문도 직접 만들었다. 각목과 합판을 재단해서 네 짝의 폴딩도어를 만들었다. 모양은 그럴싸했는데 결과적으로는 실패했다. 실측한 치수와 오차가 커서 문이 닫히지 않는다. 꽤 무거운 문을 지탱할 프레임도 구상했지만 울퉁불퉁한 바닥 때문에 제대로 설치할 수 없었다. 오프닝을 앞두고 급하게 작업한 탓도 있었지만, 이번 실패로 문을 만든다는 것이 예삿일이

아님을 제대로 알았다. 여닫이문에 경첩을 달려면 나무에 홈을
어느 정도 파야 하는지, 어느 방향으로 경첩을 조립해야 하는지도
알게 됐다. 이 문이 제대로 기능하려면 며칠에 걸쳐 손대패로
밀어 깎거나 문을 떼어내 다시 재단해야 할지도 모르겠다.
우린 연남동을 찾아준 사람들에게 이 새로운 실패 에피소드를
들려주었다. "문이 생겼는데 문이 아니야"라고 말하며 한바탕
웃곤 했다. 어느 날은 조명을 설치하다가 손가락에 감전도
당했다. 분명 스위치를 내리고 작업했지만 잔류 전기가 통한
모양이었다. 비가 많이 내리던 날에는 차고 하수 구멍이 돌, 낙엽,
흙 같은 것들로 꽉 막혀 물이 내려가지 않아 차고에 물난리가 날
뻔도 했다.

　　어느 날 다급한 목소리로 누군가를 찾는 소리를 듣고 차고로
나갔다. 건너편 빌라에 산다는 여인은 화장실 샤워기가 갑자기
고장이 났다며 공구를 빌릴 수 있는지 물었다. 그녀에게 필요한
것은 몽키스패너였고 대화를 나누고 있는 우리 바로 한 발짝
앞에 걸려 있었다. 나는 그냥 그걸 집어 건넸다. 잠시 후 그분은
공구를 돌려주면서 꼭 사례하겠다며 감사의 목례를 건넸다.
릴리쿰이라는 공간이 거기 있다는 것만으로도 누군가에게 절실한
순간에 적절한 도움을 줄 수 있었다. 기뻤다.

　　요즘 우리는 '나의 제작'으로 다듬어지는 좀 더 세밀한
이야기들을 공유하고 싶다. 익숙하면서도 낯선 이 동네에서

이어갈 새로운 방식들과 새로운 작업들을 구상하면서, 만드는
행위로 담금질하며 나아갈 자신을 담담하게 관찰하기 위해
다시금 호흡을 고르는 중이다.

　이 책이 출간될 즈음에 우리가 어떤 모습이 되어 있을지
궁금하다. 아마 우리는 여전히 퉁탕거리며 만들고 있을 것이고
재밌는 것을 찾기 위해 신경을 곤두세우고 있을 것이다. 누군가
이곳을 찾아온다면 어설픈 '문 제작 분투기'의 결말을 볼 수
있을지도 모른다. 혹은 여전히 진행 중일 수도 있다. 그렇다면
손을 보태 조금 거들어주어도 좋다. 아마 기다리고 있을 것이다.
우리에게 말을 걸어주고, 새로운 실패에 같이 도전해보기를
원하는 사람들을 말이다. 릴리쿰이 너무 멀다면 당신의 주변에서
이웃, 친구들과 함께 작은 아지트를 만들어도 좋겠다. 혼자서도
괜찮다. 각자의 방식이 있는 법이니까. 그렇게, 당신이 당신의
만들기를 시작했으면 좋겠다.

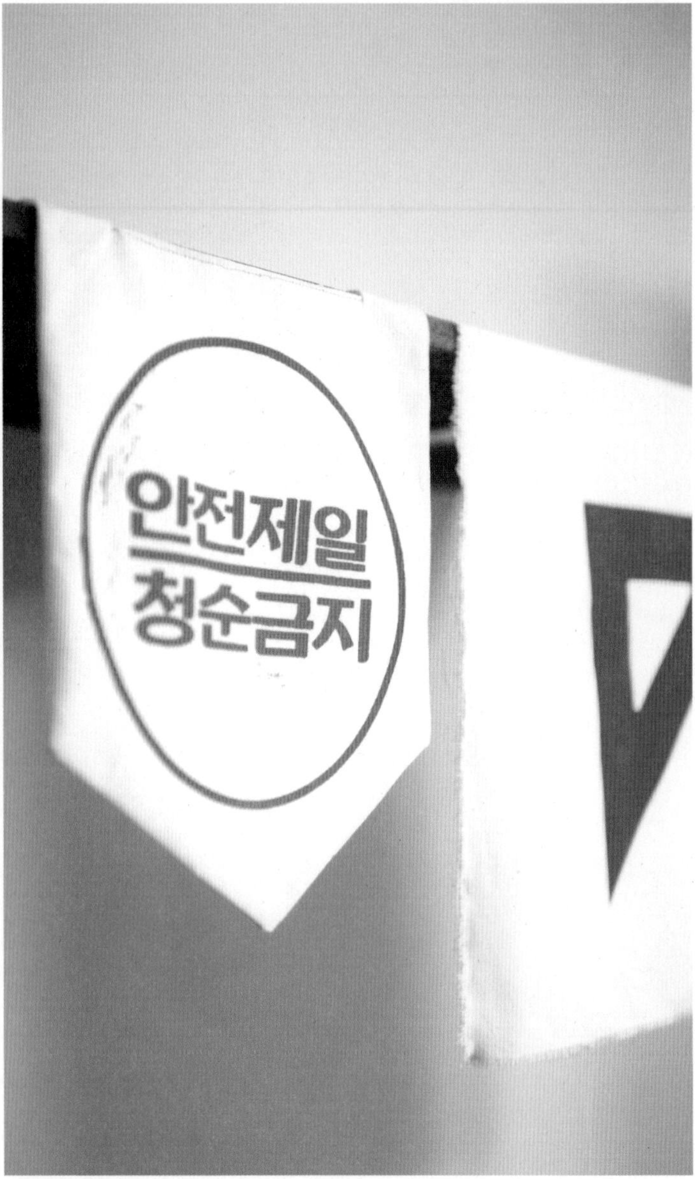
안전제일
청순금지

손의 모험

초판 1쇄 발행 2016년 11월 1일
 2쇄 발행 2019년 10월 31일

지은이   릴리쿰
펴낸이   이정규
펴낸곳   코난북스
출판신고   제2013-000275호
전화   070-7620-0369
팩스   0505-330-1020
이메일   conanpress@gmail.com

ⓒ릴리쿰, 2019
ISBN 979-11-952181-7-2 03190

이 도서의 국립중앙도서관 출판예정도서목록(CIP)은
서지정보유통지원시스템 홈페이지(http://seoji.nl.go.kr)와
국가자료공동목록시스템(http://www.nl.go.kr/kolisnet)에서 이용하실 수 있습니다.
(CIP제어번호: CIP2016025057)